Ulrike Schäfer

Worms zu Fuß

14 Spaziergänge zu den schönsten und bedeutendsten Sehenswürdigkeiten in und um Worms

LEINPFAD
VERLAG

Sämtliche Angaben in diesem Buch sind sorgfältig recherchiert worden. Sie erheben jedoch keinen Anspruch auf Vollständigkeit zum Zeitpunkt der Veröffentlichung. Trotz größtmöglicher Sorgfalt übernehmen weder die Autorin noch der Verlag Verantwortung und Haftung für eventuelle Fehler.
Über Anregungen und Ergänzungsvorschläge freuen wir uns.

2. Auflage Herbst 2012

Umschlag: kosa-design, Ingelheim
Fotos: Alessandro Balzarin, S. 125; alle anderen Fotos stammen von Ulrike Schäfer
Layout: Leinpfad Verlag, Ingelheim
Druck: Druckerei Wolf, Ingelheim

Leinpfad Verlag, Leinpfad 5, 55218 Ingelheim,
Tel. 06132/8369, Fax: 896951
E-Mail: info@leinpfadverlag.de
www.leinpfad-verlag.de

ISBN 978-3-942291-00-2

Inhalt

Liebe Leserinnen, liebe Leser,

Seit ich in Worms wohne – und das ist schon ein ganzes Weilchen – habe ich an vielen Stadtführungen teilgenommen. Natürlich bin ich den legendären Weg „Zu Fuß durch zwei Jahrtausende" gegangen, der die Basisinformationen vermittelt, eine Kurzvita dieser alten wunderbaren Stadt am Rhein. Aber ich habe auch bei jeder sich bietenden Gelegenheit an Spezialführungen teilgenommen, habe Worms mit Kindern durchstreift und aus Frauensicht erkundet und, und, und …

Warum ich das erzähle? Weil ich denke, dass man eine Stadt immer wieder aufs Neue entdecken kann und dass man besonders viel Gewinn dabei hat, wenn man sie unter verschiedenen Gesichtspunkten betrachtet. Deshalb finde ich das Konzept des Leinpfad Verlags, eine Stadt auf/mit thematischen Touren (oder Themen-Touren) zu erforschen, sehr reizvoll. Vierzehn Wege sind mir eingefallen. Wer jede dieser vierzehn Routen abläuft oder -fährt, wird die Nibelungen-, Dom-, Luther- und Weinstadt hinterher sehr gut kennen. Das gilt nicht nur für Touristen, die Worms zum ersten Mal besuchen, sondern auch für die Wormser selbst, die oft genug an den schönen und interessanten Dingen ihrer Stadt vorbeigehen, weil sie ihnen so bekannt vorkommen.

Wer nach Worms kommt, der muss natürlich das alte Warmaisa sehen, die romanischen Kirchen erkunden und Luther folgen auf seinem Weg zum Reichstag. Der Gang entlang der historischen Stadtmauer ist unumgänglich – und einfach schön! Ich habe mich weiterhin des Themas Wein angenommen, der hier mitten in der Stadt wächst und eine so große Rolle spielt, ich habe mich auf die Spuren der Familie von Heyl begeben und biete einen Gang durch das wieder aufgebaute Worms an. Letzteres hat mir Gästeführerin Maria Storf-Felden empfohlen, die mir auch sonst viele wertvolle Tipps gegeben und mit geschultem Blick über die Seiten geschaut hat. Schließlich habe ich auch zwei Wormser Vororte beschrieben, das noble Herrnsheim mit seinem prächtigen Schloss und dem schönen Park, und das türmereiche Pfeddersheim. Außerdem habe ich versucht, Sie in den Wormser Süden zu locken, wo Natur und Freizeit großgeschrieben werden. Dass sich eine Rundtour rings um Worms lohnt, soll Ihnen schließlich in Ansätzen die vierzehnte Route schmackhaft machen.

Ich habe bei meinen Beschreibungen auf Zahlen und architektonische Details weitgehend verzichtet. Wer sich hier genauer informieren will, findet in den kleinen Kirchen- und Museumsführern meistens, was er oder sie sucht. Mir war es wichtiger, Ihnen einen Eindruck von der Aura dieser Stadt zu geben, die legendenumwoben ist und mindestens genauso viele Geschichten zu bieten hat wie Geschichte, aber auch alle Vorzüge einer modernen lebens- und liebenswerten Stadt. Wer meinen erprobten Vorschlägen folgt, sieht alles Wichtige. Sie können aber auch problemlos Seitenwege einschlagen, ohne sich zu verirren, dabei helfen Ihnen die Karten, die jeder Tour beigegeben sind. Darüber hinaus gibt es immer mal wieder Hinweise auf Ziele, die nicht fußläufig zu erreichen sind, aber zum Thema gehören und die Tour bereichern.

Damit Sie wissen, wo Sie losmarschieren können, sind die Parkplätze und Parkhäuser in nächster Nähe von Start und Ziel in Infokästen angegeben. Wo es erforderlich ist, gibt es auch Hinweise auf die wichtigsten Omnibuslinien.

Ein weiterer Service sind die Info-Kästen mit Adressen, Öffnungszeiten direkt bei den einzelnen Touren. Nutzen Sie, falls Sie das volle Potenzial der Touren ausschöpfen wollen, auch die angegebenen Telefonnummern: So können Sie vielleicht ein Gebäude besichtigen, das sonst nur zu besonderen Gelegenheiten geöffnet ist.

Wer mit Kindern unterwegs ist, wird sich freuen, dass auch die Grün- und Freizeit-

Der Rhein ist die große Liebe der Wormser. Auch ich werde nie satt, ihn zu bewundern, ob er nun quecksilbrig in der Sonne glänzt und Lust auf Abenteuer macht oder ob er träge dahin zieht und ein Gefühl von großer Gelassenheit vermittelt wie hier im Abendlicht bei Rheindürkheim.

anlagen (Tiergarten, Wäldchen und Pfrimmpark) in die einzelnen Routen einbezogen sind. Kinderfreundliche Touren mit wenig Autoverkehr und Tobe- und Spielmöglichkeiten sind mit einem kleinen Logo gekennzeichnet.

Zu jeder Tour gibt es außerdem einen Einkehrtipp, damit man sich zwischendurch stärken kann. Daneben ist Worms aber eine regelrechte Eiscafé-Stadt und bietet natürlich auch die üblichen schnellen Ess-Genüsse.

Im Anhang finden Sie Informationen und Adressen und einen Terminplan der Wormser Feste – die genauen Termine können Sie im Internet oder bei der Tourist-Information erfahren – und weitere Angebote im Freizeitbereich.

Ulrike Schäfer, August 2012

Die Autorin:
Ulrike Schäfer lebt seit 1968 in Worms und arbeitet seit über 20 Jahren als freie Journalistin; sie ist Mitbegründerin und Vorstandsmitglied verschiedener Vereine und hat bei mehreren Buchveröffentlichungen mitgearbeitet, u.a. *Die Wundergeschichten von Warmaisa* und *Geheimnisvolles Worms* und ist Redakteurin des Wormser Wochenblatts.

Einführung: Worms – ein starkes Stück Geschichte
Per Schicksalsrad durch zwei Jahrtausende

Auf dem bronzenen Schicksalsrad von Gustav Nonnenmacher sind die wichtigsten Ereignisse der Stadtgeschichte dargestellt.

„Zu Fuß durch zwei Jahrtausende" heißt der offizielle Stadtrundgang durch Worms, der Geschichte aus zweitausend Jahren berührt.

Tatsächlich ist Worms noch um einiges älter. Ausgrabungen auf dem Adlerberg im Süden und die Freilegung eines keltischen Friedhofs im Norden der Stadt belegen, dass schon sehr früh an dieser exponierten und strategisch günstigen Stelle Menschen siedelten. Das, was die Römer als Stadt bezeichneten, entstand aber erst im 1. Jahrhundert n. Chr.; deshalb ist die „Fehde" mit Trier um den Rang der ältesten Stadt Deutschlands schlichtweg eine Definitionsfrage.

Wenn man sich die Stadtgeschichte im Schnelldurchlauf und einprägsam bewusst machen will, schaut man sich am besten das Schicksalsrad auf dem Obermarkt an, das der Künstler Gustav Nonnenmacher 1986 geschaffen hat.

Das Rad war ja schon immer ein Symbol für Fortuna, das wetterwendische Glück. Auch die Stadt Worms hat nicht nur Glanz und Ehre erlebt, sondern ebenso Zerstörungen und Niedergänge bis fast zur Bedeutungslosigkeit. Dass sie davon allerhand Narben und Versehrungen zurückbehalten hat, kann niemand verwundern. Wer sich jedoch ein wenig Zeit nimmt und genauer hinschaut, wird entdecken, wie viel diese Stadt trotz aller Katastrophen immer noch aus ihrer Vergangenheit zu erzählen hat. Viel mehr als manch andere Schönheit, die vom Schicksal verschont geblieben ist!

Derzeit – so scheint es – dreht sich das Rad gerade mal wieder nach oben. Worms macht in den letzen Jahren gewaltige Schritte nach vorne. So viel wie in den zurückliegenden zehn Jahren wurde lange nicht mehr neu, an- und umgebaut – Stichwort Rheinbrücke, Kultur- und Tagungszentrum, Wormser Einkaufspark (WEP), Fachhochschule. Nahezu alle Kirchen, die meisten mit Wurzeln in romanischer Zeit, wurden und werden restauriert und auf Hochglanz gebracht, eine Aufgabe, die mit Silberputzen nicht zu vergleichen ist. Durch Veranstaltungen wie die Nibelungen-Festspiele, das jährlich wachsende Mittelaltertreffen „Spectaculum", historische Stadtrundgänge und vieles mehr versucht man darüber hinaus erfolgreich, die glänzende Vergangenheit, aber auch die sagenhaften Aspekte von Worms unterhaltsam zu inszenieren.

Überhaupt gibt es viel fürs Auge: Der städtische Grüngürtel, gelegentlich auch als „grüne Perlenschnur" bezeichnet, hübscht mit sehenswertem, jahreszeitlich wechselndem Blütenflor die Stadt Jahr für Jahr mächtig auf. Überall laden Cafés und Restaurants zum entspannten Verweilen ein. Sie werden übrigens längst nicht mehr nur von Italienern und Griechen betrieben, obwohl diese uns die unbeschwerte Leichtigkeit des Seins schmackhaft gemacht haben. Auch viele andere Kulturen haben in Worms eine Heimat gefunden und tragen zur bunten

Der Dichter des Nibelungenlieds hat die Geschichte von Kriemhild, Brünhild und Siegfried aufs engste mit Worms verwoben. Eine geradezu dämonische Rolle spielt der grimmige Hagen, der noch heute am Rheinufer steht und den unermesslichen Nibelungenhort in die Fluten des Flusses wirft.

Vielfalt des städtischen Lebens bei. Aber das war eigentlich schon immer so. Wenn wir mit Hilfe des Nonnenmacher'schen Schicksalrads zu den Anfängen zurückgehen, werden wir es feststellen.

Zurück zu den Anfängen

Das Schicksalsrad stellt den römischen Reiter an den Beginn der Stadtgeschichte. Als Modell für seine Darstellung hat Nonnenmacher den prägnanten Grabstein des Quintus Carminius Ingenuus aus dem Jahr 30/40 n. Chr. genommen, der im Kreuzgang des städtischen Museums aufbewahrt wird. Die Römer drangen um 15 v. Chr. bekanntlich in Germanien ein, zogen sich aber nach der Varusschlacht um 9 n. Chr. hinter den Rhein zurück. Ein frühes Hilfstruppenkastell in Worms, möglicherweise damals schon Hauptort des keltischen Stammesgebiets der Vangionen, ist für das 1. Jahrhundert anzunehmen, wahrscheinlich im Bereich des Paulusstifts. Der älteste überlieferte Name für die Stadt ist die keltische Bezeichnung „Borbetomagus".

Die Römer blieben nicht die einzigen, die sich die Region unterwarfen. Auch den Überfall der Vandalen, den siegreichen Einfall der Hunnen, die Eroberung durch die Alemannen und schließlich den Triumph der Franken will der Reiter auf dem Relief andeuten.

In dieser Zeit, im 5. Jahrhundert, hielt sich auch ein Volksstamm der Burgunder in der Region am Mittelrhein auf. Archäologisch lässt er sich nicht nachweisen, und die Quellen, die über ihn berichten, sind nicht unbedingt zuverlässig. Für Worms aber haben sie nichtsdestotrotz eine einzigartige Bedeutung, denn um 1200 hat ein anonymer Dichter sie durch sein die Jahrhunderte überdauerndes Werk, das Nibelungenlied, mit der Stadt auf immer verwoben. Die zentrale Szene des Epos, der Streit der Königinnen vorm Dom, ist auf dem Schicksalsrad dargestellt.

Ob ein erster Dom von der Merowingerkönigin Brunichilds stammt, die einige Zeit lang in Worms weilte und möglicherweise Vorbild für Gunthers Gemahlin im Nibelungenlied war, lässt sich nicht beweisen.

Luthers mutiges Auftreten auf dem Reichstag 1521 hat die Welt verändert. Zur Erinnerung daran wurde im 19. Jahrhundert ein Reformationsdenkmal erbaut, ein gewaltiges Bilderbuch, das viel zu erzählen hat.

Sicher aber ist, dass die Stadt unter Karl dem Großen und seinen Nachfolgern bevorzugter Pfalzort wurde. Vermutlich war Worms seit Mitte oder Ende des 4. Jahrhunderts auch Sitz einer Bischofskirche. Bischof Burchard, der von 1000 bis 1025 in Worms wirkte und die mächtige Herzogsfamilie der Salier aus der Stadtherrschaft verdrängte, ließ den ersten nachweisbaren Dom erbauen und veranlasste auch den Bau weiterer romanischer Stiftskirchen, wie den der Paulus- und Andreaskirche. Auch die Martinskirche und die Bergkirche im heutigen Stadtteil Hochheim gehen höchstwahrscheinlich auf ihn zurück. Mit einem Grundriss und dem Datum 1018 erinnert das Schicksalsrad an die erste Domweihe.

Die segnenden Hände mit dem Wort Warmaisa stehen für die bedeutende jüdische Gemeinde im mittelalterlichen Worms, die wegen ihrer Gelehrsamkeit als Klein-Jerusalem bezeichnet wurde und die noch heute Juden in aller Welt ein Begriff ist – nicht zuletzt wegen der Person Raschis. Bereits 1034 wurde in Worms die erste Steinsynagoge errichtet. Nicht viel jünger ist der älteste Grabstein auf dem Jüdischen Friedhof „Heiliger Sand". Obwohl es immer wieder Judenverfolgungen gab, hatte die Gemeinde über 900 Jahre Bestand. Während des „Dritten Reichs" wurde sie vollständig ausgelöscht.

Dass sich die Kaiser des Mittelalters bis zu Friedrich I. Barbarossa, Heinrich VI. und Friedrich II. bevorzugt in Worms aufhielten und die Stadt für ihre Treue mit Privilegien bedachten, ist in Urkunden und Quellen niedergelegt. Diese intensive Bindung entwickelte sich in einer Schwächephase der bischöflichen Herrschaft (etwa 1070 bis 1125). Von prägender Bedeutung war die Beziehung zu Heinrich IV., dem Canossa-Kaiser, der von den Wormser Bürgern mehrfach Unterstützung erfuhr und sie dafür 1074 mit dem Zollfreiheitsprivileg belohnte. Mehrere bedeutende Reichstage fanden in Worms statt, unter anderem der von 1495, als Kaiser Maximilian u. a. den Ewigen Landfrieden verkündete. Als Symbol

Der Heylshof erinnert an die prägende Ära der Lederindustrie und das großzügige Mäzenatentum seines Erbauers Cornelius Wilhelm Freiherr von Heyl zu Herrnsheim.

für den kaiserlichen Glanz wählte Nonnenmacher die Hochzeit von Friedrich II. mit Isabella von England, die 1235 im Dom stattfand.

Das schlichte Relief links von der Kaiserhochzeit zeigt die „Münze" mit dem Gerechtigkeitsbrunnen. Das herrlich ausgestaltete Gebäude war Ausdruck des Bürgerstolzes, der sich nur Kaiser und Reich verpflichtet fühlen wollte und sich in vielen Auseinandersetzungen gegen den Bischof als Stadtherren zu behaupten suchte. In den rheinischen Städtebünden des 13. Jahrhunderts spielte Worms eine führende Rolle. Bei der Stadtzerstörung im Pfälzischen Erbfolgekrieg ging das prächtige Rathaus in Flammen auf. Alles, was Worms in die nächsten Jahrhunderte hinüberretten konnte, waren der Dom, die romanischen Kirchen und Teile der gewaltigen Stadtmauer.

Doch zuvor gab es hier ein Ereignis, das die ganze damalige Welt veränderte. Es war der Reichstag von 1521, als Martin Luther dem jugendlichen Habsburgerkaiser Karl V. die Stirn bot und unter Verweis auf die Bibel den Widerruf seiner Schriften verweigerte. Das Duell mit den Kreuzen im Hintergrund erinnert daran, dass Reformation und Gegenreformation bald auch mit kriegerischen Mitteln ausgetragen wurden.

1689 wurde Worms nahezu dem Erdboden gleichgemacht, weil der französische „Sonnenkönig" Ludwig XIV. das Erbe seiner Schwägerin Liselotte von der Pfalz für sich beanspruchte. Nicht nur die Mauern wurden niedergelegt und die Häuser angezündet, sondern auch der Dom, in den die Bürger ihre gesamte Habe gebracht hatten, wurde in Brand gesteckt. Es dauerte ein ganzes Jahrzehnt, bis mit dem Wiederherstellung der gewaltigen Ruine begonnen werden konnte.

Ein zweites Mal brannte die Stadt 1794. Das war im Zuge der Französischen Revolution. Napoleons Truppen zerstörten den Bischofshof in unmittelbarer Nachbarschaft des Doms, weil französische Adlige dort Zuflucht gefunden hatten. Wenig später, 1803, wurde das tausendjährige Wormser Fürstbistum, das sich einmal bis Wimpfen und Landstuhl erstreckt hatte, aufgelöst.

Doch die Stadt erholte sich auch dieses Mal wieder und blühte auf dank der Lederindustrie, die sich rasch aus kleinen Anfängen zu einem weltweit agierenden Wirtschaftszweig entwickelte. Dieser Aufschwung ist vor allem verbunden mit den Namen der Lederindustriellen von Heyl und Doerr & Reinhart. Die gaben nicht nur Tausenden von Menschen Arbeit, sie waren auch große Mäzene. Gustav Nonnenmacher hat neben den rauchenden Fabrikschloten deshalb auch den Heylshof und den Majorshof angedeutet, die einst Treffpunkte erlauchter Gäste waren. Im Vordergrund ist das 1888 eingeweihte Festhaus zu sehen, das den kulturellen Bedürfnissen der Bürgerschaft Rechnung trug. Wer genau hinschaut, entdeckt die zu Heilrufen aufgerichteten Arme, die mit der Drehung des Rades wieder verschwinden, ein Hinweis, dass auch in Worms schon früh der Nationalsozialismus am Werk war, aber wie überall in Deutschland lange Zeit nicht ernst genommen wurde.

Und wieder brannte Worms. Am 21. Februar und am 18. März 1945 wurde die alte Reichsstadt bei zwei Großangriffen in Schutt und Asche gelegt. Vieles ging unwiderruflich dahin, wie das Cornelianum, das die Familie von Heyl der Bevölkerung als Volks- und Festhaus gestiftet hatte, und andere prächtige Palais und Geschäftshäuser. Auch die Dreifaltigkeitskirche, ein Bau zur Erinnerung an Luthers mutiges Auftreten auf dem Reichstag, brannte völlig aus. Ihr Wiederaufbau mit Einweihung 1959 war ein eindrucksvolles Zeichen für den Lebenswillen und die Lebenskraft der Stadt.

Die Drachin am Schicksalsrad ….

… und ihr Artgenosse in der Lindwurmgasse.

Ehe wir uns auf den Weg machen, sollten wir noch einen Blick auf den Drachen und die Drachin – ja, Sie haben recht gelesen – auf beiden Seiten des Schicksalsrads tun. Sie stehen für das Wormser Wappentier, das den sagenhaften Ruhm der Stadt begründet hat und in unzähligen Variationen an Häusern, auf Dächern, auf Brunnen und in den letzten Jahren auch als pfiffiger bunter Werbeträger aus Polyester vor Wormser Geschäftshäusern zu finden ist. Wer mit Kindern unterwegs ist, sollte sich ans Suchen und Zählen machen!

Folgen Sie mir nun auf vierzehn Touren, um das alte und neue Worms zu entdecken und auch die sehenswerte Umgebung kennenzulernen!

Blick durch den Stadtmauerdurchbruch auf den Domwestchor.

1. Kaiser, Kirchen, Klöster und Kunst
Großer Rundweg: Zu Fuß durch zwei Jahrtausende

Tourist-Information – Magnuskirche – Andreasstift – Jüdischer Friedhof „Heiliger Sand" – Mahnmal für die Opfer des Faschismus – Museum Heylshof – Lutherdenkmal – 118-Denkmal – Martinskirche – Synagoge mit Raschi-Lehrhaus und Mikwe – Torturmplatz mit Nibelungenmuseum – Pauluskirche – romanische Hauswand – Rathaus – Dreifaltigkeitskirche – Siegfriedbrunnen – Heylsschlösschen – Dom St. Peter – Tourist-Information

Vor Jahren hat der ehemalige Stadtarchivar Dr. Fritz Reuter einen Rundgang durch das geschichtsträchtige Worms entwickelt, der sich „Zu Fuß durch zwei Jahrtausende" nennt und die wichtigsten Sehenswürdigkeiten berührt. Mindestens zweieinhalb Stunden muss man sich dafür Zeit nehmen, nicht eingerechnet eine Besichtigung der drei Museen. Wer das Ganze aber gemütlich angeht und ein Päuschen in den Anlagen des Stadtgrabens oder ein Eis auf dem Obermarkt einkalkuliert, wird die zweitausendjährige Geschichte der Stadt gut verkraften.

Hinweis:
Starten kann man eigentlich an jedem Punkt. Ein guter Beginn ist das Stadtmodell im Museum Andreasstift (vgl. Tour Nr. 6, S. 57ff) oder das Schicksalsrad am Obermarkt (vgl. Einführung, S. 6ff), aus praktischen Gründen empfiehlt sich jedoch ein Start bei der Tourist-Information am Neumarkt. Man erhält dort umfangreiches Prospektmaterial, eine Liste mit Öffnungszeiten von Hotels und Gaststätten sowie Veranstaltungshinweise und Informationen über Führungen. Außerdem gibt es direkt Parkplätze vor der Tür.

Die **Tourist-Information** liegt im Herzen der Stadt. Direkt vor uns erhebt sich auf dem höchsten Hügel von Worms (100 m) der ehrwürdige Dom St. Peter. Mit einer Rechtsneigung des Kopfes sehen wir den Siegfriedbrunnen, ein Werk des Künstlers Adolf von Hildebrandt, und dahinter die Dreifaltigkeitskirche. Wenn wir um die Ecke schauen, können wir einen Blick auf den älteren Teil des Rathauses tun, und schräg links haben wir eine ältere Häusergruppe vor uns mit dem wunderschönen Eckhaus, der Adler-Apotheke. Dorthin wenden wir uns nun und biegen in die Andreasstraße und dann auf den Weckerlingplatz ein. Erste Station ist die kleine **Magnuskirche** (vgl. Tour Nr. 2, S. 20ff), die älteste noch erhaltene Kirche der Stadt, die noch aus karolingischer Zeit (spätes 8. Jh.) stammt, aber mehrfach erweitert wurde. Nach der Zerstörung im Zweiten Weltkrieg wurde sie wieder vollständig aufgebaut.

Von hier aus fällt unser Blick auch schon auf das **Andreasstift**, das dem Weckerlingplatz seine Prägung gibt (vgl. Tour Nr. 2, S. 20ff). Die Anlage wurde Anfang des 11. Jahrhunderts gebaut und weist noch Reste aus der ersten Bauphase zur Zeit Bischof Burchards aus. Die zweitürmige, dreischiffige Basilika mit dem geraden, für Worms typischen Chorabschluss und dem um einen malerischen Innenhof gelegenen Kreuzgang zeigt bemerkenswerte spätromanische Formen. Seit über 80 Jahren ist das Stift das Museum der Stadt Worms und birgt interessante Funde aus der Frühgeschichte und Römerzeit, ein Lutherzimmer sowie mittelalterliche und neuzeitliche Abteilungen im Aufbau.

Wir verlassen nun die ursprüngliche Kernstadt durch das Andreastor, das 1906/1907 in die Stadtmauer gebrochen wurde, und gehen durch den Stadtgraben, der heute eine schöne Anlage ist, ein Stück an der Stadtmauer (vgl. Tour Nr. 6, S. 57ff) entlang. Wir überqueren den Willy-Brandt-Ring, um einen Blick in den **Jüdischen Friedhof „Heiliger Sand"** zu werfen, der

Start:
Tourist-Information,
Neumarkt 14

Länge:
ca. 4 km

Dauer:
2,5 Stunden (mit Besuch der erwähnten Kirchen, aber ohne Museumsbesuche)

Anfahrt:
Auto: Neumarkt, Parkhaus „Am Dom", Koehlstr. 7

Tourist-Information Worms
Neumarkt 14
67547 Worms
Allgemeine Infos,
Gästeservice:
Tel. 06241/25045
Stadtführungen,
Nibelungenbähnchen:
Tel. 06241/853-8804
Arrangements,
Gruppenreisen:
Tel. 06241/853-8805
Öffnungszeiten:
November – März:
Mo – Fr: 9 – 17 h
April – Ende Oktober:
Mo – Fr: 9 – 18 h
Sa, So, Fei: 10 – 14 h

Tipp

- Restaurant Kupferkessel Al Duomo

Petersstr. 14
67547 Worms
Tel. 06241/24751
Öffnungszeiten:
Mo – So:
11 – 14.30, 17.30 – 24 h
Gehobene italienische Küche, freundlich und familiär.
Im Sommer kann man auf der sonnigen Terrasse im Innenhof essen.

Luther bei Nacht: Auch abends ist er nicht zu übersehen.

Das Andreasstift von der Stelzengasse aus gesehen.

Die protestierende Speyer, schönes Detail des Lutherdenkmals.

der älteste jüdische Friedhof Europas ist. Der Begräbnisplatz entstand im 11. Jahrhundert und wurde bis 1911 belegt (vgl. Tour Nr. 3, S. 30ff).

Wir folgen dann weiter der Stadtmauer, vorbei am ältesten Teil, der noch aus der Römerzeit stammt und erkennbar ist an den kleinteiligen Kalksteinen. Etwa auf gleicher Höhe befindet sich in der Anlage das **Mahnmal für die Opfer des Faschismus** in Worms. Es erinnert an 568 Menschen, die während des „Dritten Reichs" zu Tode kamen. Der Säulenrundbau in Form eines Tempels, in dessen Mitte sich ein Stein mit Opferschale befindet, wurde bereits 1950 gebaut und eingeweiht.

An der Ecke zur Stephansgasse liegt der Eingang zum **Museum Heylshof** und dem schön gestalteten Heylspark. Der Lederindustrielle und große Mäzen der Stadt, Cornelius Wilhelm Freiherr von Heyl zu Herrnsheim, und seine kunstsinnige Frau Sophie ließen das neubarocke Stadtpalais von Alfred Friedrich Bluntschli (vgl. Tour Nr. 8, S. 73ff) erbauen. 1894 war es fertiggestellt. Der Heylshof mit seinen wertvollen Kunstschätzen wurde 1926 in eine Stiftung umgewandelt und gehört zu den namhaftesten deutschen Privatsammlungen.

Bei unserem Weitergang durch die Anlagen sehen wir jetzt links das **Lutherdenkmal**, das weltweit größte Denkmal der Reformation, das den Reformator mit

Die prägnanten Türme der Pauluskirche wurden erst vor wenigen Jahren renoviert – und neu datiert.

seinen Wegbereitern und Unterstützern darstellt. Es wurde entworfen von dem Dresdener Bildhauer Ernst Rietschel und 1868 eingeweiht (vgl. Tour Nr. 4, S. 38ff).

Immer noch durch die Anlagen gehend, stoßen wir auf das **118-Denkmal,** ein Werk von Paul Birr, das mit Geldern des Vereins ehemaliger 118er finanziert und 1932 enthüllt wurde. Das 118er Regiment war ab 1872 bis zum Ausbruch des Ersten Weltkriegs in Worms stationiert.

Von hier aus gelangen wir nun rechter Hand zum Ludwigsplatz, der von der **Martinskirche** beherrscht wird. Die ehemalige Stiftskirche ist spätestens unter Bischof Burchard entstanden und wurde angeblich an der Stelle errichtet, wo sich der Kerker des heiligen Martin befand. Es ist eine eintürmige, dreischiffige Kirche ohne Querhaus mit geradem Chorabschluss im Stil des 12./13. Jahrhunderts. Das Westportal lässt gotischen Einfluss erkennen und erhielt im 17. Jahrhundert eine sehenswerte Renaissance-Rahmung (vgl. Tour Nr. 2, S. 20ff).

Die untere Kämmererstraße leitet uns zur Martinspforte, der Nachempfindung eines mittelalterlichen Stadttors. Hier überqueren wir die Friedrichstraße und gehen durch die Judengasse bis zur **Synagoge mit Raschi-Lehrhaus, Mikwe und Raschihaus**, in dem sich

Dank der Altstadtsanierung vor einigen Jahrzehnten gehört die Judengasse heute zu den reizvollsten Straßen von Worms.

Wer die Hintere Judengasse Richtung Synagogenplatz geht, wird den legendären Knick in der Wand des Gotteshauses nicht übersehen.

das Jüdische Museum befindet (vgl. Tour Nr. 3, S. 30ff). Über die Hintere Judengasse und Karolingerstraße kehren wir durchs Raschitor in den Anlagenring zurück und folgen hier einem besonders imposanten Stadtmauerteil. Wir biegen in die Bärengasse ein und können durch die Kleine oder Große Affengasse wieder zur Stadtmauer gelangen (Rheintorgasse). Wir überqueren die Rheinstraße und folgen der Haspelgasse am Mayfels vorbei durch die St. Rupert-Straße bis zur Bauhofgasse. Hier erreichen wir nun die Rückfront das Dominikanerklosters St. Paul. Wie die Andreas- und Martinskirche wurde es unter Bischof Burchard errichtet (vgl. Tour Nr. 2, S. 20ff). Während die beiden Rundtürme im frühen 12. Jahrhundert ihre orientalischen Turmhauben erhielten, folgte die spätromanische Neugestaltung im 12./13. Jahrhundert. Im Inneren zeigt der Fünfachtelchor, heute verdeckt vom barocken Altar, Nischen mit figuralem und ornamentalem Schmuck.

Nur noch wenige Schritte sind es bis zur Petersstraße. Wenn wir nach links schauen, sehen wir auch gleich unser nächstes Ziel, den Stadtmauerdurchbruch. Auf dem **Torturmplatz** stehend, hat man einen besonders eindrucksvollen Blick auf das gewaltige Mauerwerk der staufischen Befestigung mit dem Turmpaar Bürgertum und Torturm. Auf der Innenseite ist das Nibelungenmu-

Zierlich nimmt sich Siegfriedbrunnen vor der mächtigen Dreifaltigkeitskirche aus.

Der Park des Heylshofs ist eine Oase der Ruhe und Schönheit mit vielen seltenen Bäumen.

seum (vgl. Tour Nr. 5, S. 49ff) in moderner Optik angebaut.

Wir wenden uns von hier aus wieder über die Petersstraße in Richtung Stadtmitte, vorbei an der **romanischen Hauswand** bis zum Marktplatz mit Rathaus, Gerechtigkeitsbrunnen und **Dreifaltigkeitskirche** (vgl. Tour Nr. 4, S. 38ff), von den Wormsern auch Marktkirche genannt. Sie wurde auf Veranlassung des lutherischen Magistrats 1709 bis 1725 errichtet, als Gegengewicht zum Dom und in Erinnerung an Martin Luthers Glaubenszeugnis. Nach der Zerstörung im Zweiten Weltkrieg wurde das Gotteshaus wieder aufgebaut, äußerlich weitgehend im früheren Gewand, innen aber mit völlig neuem Gesicht.

Keinerlei Ähnlichkeiten mit den Vorgängerbauten, die seit dem Mittelalter zu einem regelrechten Ratsbezirk mit Bürgerhof, Kaisersaal, Münze und Schreibstube angewachsen waren und bis auf wenige Reste 1689 in Flammen aufgingen, hat der heutige Hauptbau des neuen **Rathauses** mit Ratssaal, Amts- und Sitzungszimmern und Standesamt am Marktplatz. Er wurde nach der Zerstörung in den Bombennächten von 1945 von Rudolf Lempp (Stuttgart) entworfen und im Jahr 1958 eingeweiht. Der Seitenflügel zur Hagenstraße hin stammt indessen noch aus dem 19. Jahrhundert. Noch

Tipp

Das Nibelungenbähnchen

Seit ein paar Jahren gibt es in Worms auch ein Bähnchen, das Stadtrundfahrten anbietet. Das Nibelungenbähnchen – wie könnte es anders heißen? – ist buchbar für Gruppen. Die Fahrt dauert eine Stunde.

Buchung:
Tel. 06241/8537306

Tipp

Worms im Schnelldurchlauf

Start: Tourist-Information, Neumarkt 14
Länge: rund 2,2 km
Dauer: 1 Stunde

Wer den großen Rundweg nicht gehen mag, kann auch auf einer abgekürzten Route ein eindrucksvolles Stück Worms erleben. Ausgangspunkt ist auch hier die Tourist-Information. Von dort geht man direkt zu Siegfriedbrunnen, Dreifaltigkeitskirche und Rathaus, überquert die Petersstraße, folgt der Kämmererstraße (Fußgängerzone) und biegt links in die Hafergasse ein. Am Obermarkt vermittelt das Schicksalsrad die wichtigsten historischen Ereignisse (> vgl. Einführung, S. 6ff). Wo der Obermarkt sich weitet in Richtung Westen, erreicht man die Anlagen und verweilt am Lutherdenkmal. Nach Süden zu trifft man auf die Stephansgasse und sieht vor sich das Kunsthaus Heylshof. Treppauf erreicht man den Heylspark und hat von hier aus einen besonders prächtigen Blick auf den Dom St. Peter. Nach Umrundung des Gotteshauses bietet sich über die Treppen des südlichen Vorplatzes ein Gang zum Jüdischen Friedhof an. Durch die Anlagen (Willy-Brandt-Ring) gelangt man zum Andreastor, kann einen Blick in den Kreuzgang des Andreasstifts werfen und erreicht über den Weckerlingplatz und die Andreasstraße wieder die Tourist-Information.

Frühling auf dem Torturmplatz: Mittelalterliches Mauerwerk kontrastiert mit zarten Knospen.

älter ist das sogenannte Reichsstädtische Archiv in der Bürgerhofgasse, das 1895 im Auftrag von Wilhelm Cornelius Freiherr von Heyl zu Herrnsheim restauriert wurde. Hier wurden die Urkunden und Quellenzeugnisse der Stadt aufbewahrt. Es ist heute nur zu besonderen Anlässen zugänglich.

Von hier steigen wir nun den Domhügel hinauf, werfen einen Blick auf das **Heylsschlösschen** (vgl. Tour Nr. 8, S. 73ff) und umrunden jetzt den romanischen **Kaiserdom** (vgl. Tour Nr. 2, S. 20ff), der in heutiger Gestalt zwischen 1181 und 1300 entstanden ist. Wir betrachten das Nordportal mit Kaiserskulptur und Inschrift, die von dem Wormser Künstler Gustav Nonnenmacher geschaffen wurden, gehen weiter um das imposante Gotteshaus herum über den Platz der Partnerschaft, um den berühmten Westchor auf uns wirken zu lassen, und machen länger Halt am eindrucksvollen Südportal mit seinem gotischen Figurenschmuck. Dabei lohnt es sich immer wieder, den Kopf in den Nacken zu legen, um die erlesene Bauzier und die charakteristischen Tiergestalten und Ungeheuer in luftiger Höhe zu bestaunen.

In wenigen Schritten haben wir dann wieder unseren Ausgangspunkt erreicht.

Klein fühlt man sich, wenn man bis zur Turmspitze des romanischen Kaiserdoms schaut.

2. Wie Bischof Burchard Worms zur Blüte brachte
Die romanischen Sakralbauten

Andreasstift (Weckerlingplatz) – Magnuskirche – Dom – Schlossplatz – romanische Hauswand – Stadtmauer – Dominikanerkloster St. Paul – St. Martin

Kaum eine deutsche Stadt hat so viele romanische Sakralbauten zu bieten wie Worms. Wie durch ein Wunder haben sie die mehrfachen Stadtzerstörungen überlebt; dabei ist das, was heute noch übrig ist, nur ein Bruchteil der einst an Gotteshäusern und Klöstern so reichen Stadt. Zu verdanken ist diese Fülle vor allem Bischof Burchard, der von 1000 bis 1025 Stadtherr war und nicht nur den Dom neu errichten ließ, sondern auch die Stiftskirchen St. Andreas, St. Paul und St. Martin, die den vorhandenen älteren Pfarrkirchen zugeordnet wurden. Wie alte Zeichnungen zeigen, handelte es sich um aufwendige Anlagen nebst Begräbnisplätzen, die von Mauern umfriedet waren. Die Neuordnung der Stadt durch Burchard prägt das Gesicht der Stadt bis heute.

Start:
Andreasstift
Weckerlingplatz 7

Länge:
ca. 2 km (+ 2,9 km nach Hochheim)

Dauer:
1 Stunde (ohne Innenbesichtigungen), Rückkehr zum Ausgangspunkt: ca. 10 Minuten

Anfahrt:
Auto: Parkhäuser Am Dom, Glaskopf, Ludwigsplatz (Endpunkt der Tour)

Wir beginnen unseren Gang durch das romanische Worms auf dem Weckerlingplatz, am **Andreasstift**, das seit über 75 Jahren die Sammlungen des städtischen Museums beherbergt. Kein zweites Gebäudeensemble in Worms strahlt noch so viel mittelalterliches Flair aus.

Das Stift wurde um 1020 unter Einbeziehung der südlichen Stadtmauer gebaut, vielleicht auch um gewisse Verteidigungsaufgaben wahrzunehmen, und erfuhr wie die übrigen Sakralbauten der Stadt verschiedentlich Veränderungen. Unter anderem wurde die Kirche, eine

Der Hof im Kreuzgang des Andreasstifts berührt immer wieder durch seine archaische Schlichtheit. Bei Jazz & Joy herrscht hier eine ganz besondere Atmosphäre.

dreischiffige Pfeilerbasilika mit Doppelturmfassade, nach einem Brand Mitte des 13. Jahrhunderts teilweise neu eingewölbt und nach der Stadtverwüstung 1689 von sechs auf fünf Joche verkürzt. Im Zuge der Säkularisierung Anfang des 19. Jahrhunderts wurde sie sogar als Spritzenhaus und Speicher zweckentfremdet, ein Schicksal, das sie mit einigen anderen Stiftskirchen teilt. Die künstlerischen Formen des Bauwerks sind eng mit denen des Doms verwandt; so findet sich das schöne Zackenband am Nordportal auch am Dom-Westchor.

Einzigartig in Worms ist der spätromanische Westflügel aus dem 12. Jahrhundert mit den gedrungenen Säulenkapitellen von herausragender Qualität. Auch sie finden ihre Parallelen in der Synagoge und am Dom-Westchor. Der Südflügel wurde 1612 gotisierend erneuert. Im Umgang und an den Wänden von Kirche und heutigem Museum befinden sich interessante und aufschlussreiche Grabsteine aus unterschiedlichen Zeiträumen, von der Römerzeit bis ins 17./18. Jahrhundert, außerdem auch einige Skulpturen, die noch vom ehemaligen Rathaus „Zur Münze" stammen. Der Gartenhof des Kreuzgangs mit seinem schönen Brunnen und dem markanten Schrottvogel des Wormser Künstlers Eckhard Schembs ist gesuchter Auftrittsort für zahlreiche Veranstaltungen, insbesondere beim Wormser Jazzfestival.

Die Kapitelle des Westflügels sind romanisch und von ausgesuchter handwerklicher Qualität.

Museum der Stadt Worms im Andreasstift
Weckerlingplatz 7
67547 Worms
Tel. 06241/946390
www.museum.worms.de
Öffnungszeiten:
DI – So: 10 – 17 h
Eintritt:
Erwachsene 2 €,
Jugendliche 1 €

Magnuskirche
Dechaneigasse 3
67547 Worms
Tel. 06241/23978
Öffnungszeiten:
April – September:
9 – 18 h
Oktober – März:
nach Absprache
barrierefreier Zugang

Die zum Andreasstift gehörige Pfarrkirche war die **Magnuskirche**, die wohl schon um 800 gebaut wurde. Sie ist die älteste Wormser Kirche überhaupt. Aus dieser Zeit ist noch die südliche Mittelschiffwand erhalten. Später wurde die Kirche mehrfach vergrößert. Die Erweiterung des Altarraums nach Osten und der Bau des südlichen Seitenschiffs könnten dabei unter Burchards Ägide veranlasst worden sein, das spätromanische Eingangsportal entstand vermutlich um 1300. In der Reformationszeit spielte die kleine Kirche eine besondere Rolle, weil sie das erste Gotteshaus im ganzen süddeutschen Raum war, in dem lutherisch gepredigt wurde (vgl. Tour Nr. 4, S. 38ff).

i

Zeugnisse der Wormser Geschichte

In der Andreaskirche ist eine ständige Ausstellung mit vorwiegend religiösen Kunstwerken eingerichtet, die häufig durch Wechselausstellungen ergänzt wird. Im Parterre des Museums (Ostflügel) befindet sich das große Stadtmodell aus der Zeit um 1689. Treppauf gelangt man in die umfangreichen frühgeschichtlichen und römerzeitlichen Abteilungen mit sehenswerten Exponaten. Im zweiten Stock gibt es interessante Funde aus fränkischer Zeit zu sehen. Ein weiterer Raum stellt wesentliche Aspekte der Zeit bis 1689 dar, als Worms eine führende Rolle bei der Gründung und Organisation des Rheinischen Städtebundes spielte und sich im Spannungsfeld der Macht von Kaiser, Bischof und Pfalzgraf behauptete. Ein Zimmer ist Luther, insbesondere seinem Aufenthalt in Worms gewidmet. Mit zahlreichen Exponaten inklusive einer Schusterwerkstatt wird der Bedeutung der Lederindustrie Rechnung getragen, und schließlich ist in einer Fotoschau die Baugeschichte des Andreasstiftes zu sehen.

Der Dombaumeister mit Affe.

Kommen wir nun zur Krone von Worms, dem romanischen **Kaiserdom**, der dem Besucher, wenn er vom Weckerlingplatz kommt, seine herrliche Breitseite zeigt. Trotz seiner imposanten Größe wirkt er geradezu anmutig. Das ist seinen vier schlanken, runden Türmen und seiner reichen architektonischen Gliederung zu verdanken.

Auf dem Vorplatz erwartet uns neben einem Dom-Bronzemodell für Blinde, das auch Sehende gerne „begreifen", Bischof Burchard selbst, genauer gesagt seine Bronzeskulptur (Ernemann Sander, 2002). Der mächtige Dombau, den er errichten ließ, existiert nicht mehr, genauso wenig wie der Vorgängerbau, der möglicherweise aus der Wirkungszeit der merowingischen Königin Brunichildis stammt.

Der heutige Bau wurde hundert Jahre nach Burchards Herrschaft begonnen. 1181 waren die Bauarbeiten weitgehend abgeschlossen, und schon 1184 wurde das Nordportal für die Anbringung des Kaiserprivilegs von Friedrich I. (Barbarossa) wieder verändert. Um 1300 brachte die Vergrößerung der Nikolauskapelle eine Neu-

Dom St. Peter
Domplatz 1
67547 Worms
Tel. 06241/6115
www.wormser-dom.de
Öffnungszeiten:
Winterhalbjahr: 10 – 17 h
Sommerhalbjahr: 9 – 18 h
Während der Gottesdienste ist der Dom für Besichtigungen geschlossen.

Rechts: Auf der Südseite des Domes macht ein Miniaturmodell das Gotteshaus auch für Blinde nachvollziehbar.

gestaltung der gesamten Südseite mit sich, natürlich in den damals aktuellen Formen der Gotik. Die Annen- und Georgskapelle wurden angebaut und das romanische Rundbogenportal in ein spitzbogiges Figurenportal umgebildet. Das romanische Tympanon hat man glücklicherweise bewahrt, indem man es nach innen drehte. In seine Rückseite wurde eine Marienkrönung eingearbeitet; sie ist heute der Mittelpunkt des gotischen Portals.

Kurzer Ausflug in die Gotik

Die steinerne Bilderbibel des Südportals aus dem frühen 14. Jahrhundert ist eine hervorragende Arbeit der Wormser Dombauhütte, die sich zwar auf Vorbilder des Straßburger Münsters stützt, aber eigene Gedanken kraftvoll umsetzt. Theologisches Thema des gesamten Portalschmucks ist der Triumph der christlichen Kirche über den Alten Bund durch eine Gegenüberstellung von alttestamentarischen Geschichten und neutestamentlichen Parallelen, die die Erfüllung des Heilsgeschehens demonstrieren. Diese Aussage gipfelt in der Skulptur im Wimperg, die einzigartig in der Bilderwelt des Mittelalters ist. Dort reitet die „Ecclesia triumphans", die triumphierende Kirche, auf einem Tier, das sich aus den Symbolen der vier Evangelisten zusammensetzt (Tetramorph). Sie korrespondieren mit vier Propheten, die am Fuß der Bogenläufe stehen.

Die Figuren am Strebenpfeiler der Annenkapelle (rechts) symbolisieren oben die Tugenden Caritas (Nächstenliebe) und Fides (Glaube), dazu als Gegensatz unten den Unglauben, dargestellt durch die Synagoge, und, ebenfalls nur in Worms zu finden, die Frau Welt, die mit schöner Vorderseite Liebe und Genuss verspricht, aber, wie ihre Rückseite zeigt, durch und durch verdorben ist.

Linkerhand an der Nikolauskapelle stehen weitere gotische Figuren: eine Muttergottes, Katharina von Alexandrien, Johannes der Täufer (ein Hinweis auf die ehemalige Johanneskirche auf dem südlichen Vorplatz), ein Posaunenengel, der wohl die Toten des Domfriedhofs am Jüngsten Gericht aus den Gräbern rufen sollte, und ein Bischof mit einem Kirchenmodell, der als Burchard gedeutet wird. Das Tympanon des Portals der Nikolauskapelle, das wir über den Treppenaufgang erreichen, zeigt Szenen aus dem Leben des Heiligen.

Das gotische Südportal des Doms ist eine Stein gewordene Bibel, die die Heilsgeschichte figürlich interpretiert.

Das heutige Domumfeld lässt nicht mehr allzu viel von dem gewaltigen Gebäudeensemble früherer Zeiten erkennen. Auf dem Vorplatz im Süden stand ehemals die zehneckige Johanneskirche, eine Taufkirche, die erst im 19. Jahrhundert auf Abbruch versteigert wurde. An das südliche Seitenschiff des Doms schloss sich im Westen der mehrgeschossige Kreuzgang an, der öfter verändert wurde, zuletzt im Auftrag Bischof Johann von Dalbergs 1489. Er wurde 1832 abgetragen; die Bruchstellen sind noch heute deutlich zu sehen. Die angrenzenden Gebäude des Hochstifts sind dagegen völlig verschwunden. Nur ein zeitgenössisches Mosaik von Agathe Sander, das Bischof Burchard zeigt, erinnert daran.

Bei der Umrundung des Gebäudes fällt der reiche Skulpturenschmuck an den Galerien des West- und Ostchors ins Auge. Tiergestalten und Ungeheuer und – in luftiger Höhe am Ostchor – auch der „Baumeister" mit seinem Affen besiedeln Säulenbasen und Fensterbänke.

Nach der Stadtzerstörung erhielt der Ostchor einen Barockaltar. Der Baumeister war kein geringerer als Balthasar Neumann.

Weltberühmt ist das mächtige Radfenster der Westchorapsis.

Auf der Domnordseite befand sich der Bischofshof mit der Stephanskirche (entsprechende Markierungen im Heylshofgarten weisen darauf hin). Wir gehen über den **Schlossplatz**, vorbei am Heylsschlösschen und dem hübschen Brunnen, einer Nachbildung des Nürnberger Rathausbrunnens (Pankraz Labenwolf, 1557), und die Hofgasse treppab. Von hier aus haben wir einen besonders schönen Blick auf die Dreifaltigkeitskirche und den Siegfriedbrunnen.

Wir folgen der Petersstraße bis zur Kreuzung Römerstraße. Dort ist die einzige noch erhaltene **spätromanische Hauswand** zu besichtigen, die auf 1200 datiert werden kann und unübersehbare stilistische Übereinstimmungen mit der nordöstlichen Stadtmauer aufweist. Während die Längsseite des Gebäudes, das sich durch den trommelnden Putto über dem Portal als Haus zur Trommel zu erkennen gibt, eine barocke Erneuerung erfahren hat, war die romanische Seite lange Jahre in einer geschlossenen Häuserfront verborgen. Erst die Bombenschäden des Zweiten Weltkriegs führten zu einer überraschenden Freilegung. Wer auch

Tipp

Das Innere des Doms

Unbedingt ist eine Besichtigung des Innenraums zu empfehlen. Nach der Stadtzerstörung 1689, bei der auch der Dom ausbrannte, entstand jene vollendete Symbiose aus Romanik und Barock, die uns heute noch zu Herzen geht, wenn wir das Gotteshaus betreten. Unvergleichlich ist der Blick auf den Hochaltar, ein Werk Balthasar Neumanns (restauriert 2004/2005), der mit den flankierenden Seitenaltären und dem kostbaren geschnitzten Chorgestühl eine barocke Einheit im romanischen Dom bildet. Mittelalterlich wird es wieder mit den großen steinernen Reliefs im nördlichen Seitenschiff (Wurzel Jesse, Auferstehung, Geburt, Verkündigung), die um 1500 für den Kreuzgang geschaffen wurden und nach dessen Abbruch hier eine neue Heimat fanden. Über das Aussehen des ehemaligen Dombezirks informiert das Dommodell im südöstlichen Chor. Die historischen Höhepunkte der Stadt sind eindrucksvoll auf dem Geschichtsfenster von Heinz Hindorf festgehalten. Die Löwen und das Danielensemble, die heute in der Annenkapelle angebracht sind, dürften sich früher außen befunden haben. Nicht versäumen sollte man schließlich auch einen Besuch der Saliergruft, in der die Vorfahren der Salierkaiser, darunter Konrad der Rote, begraben sind. Eine ganz besondere Atmosphäre herrscht in der gotischen Nikolauskapelle, in der ein spätgotischer Löwentaufstein aus dem Jahr 1480 und der rätselhafte Drei-Jungfrauen-Stein die Blicke auf sich ziehen.

Stadtmauer mit Wehrgang

immer der Erbauer des Hauses war: Er muss wohl ein wohlhabender Mensch gewesen sein.

Schauen wir nun auf einen der schönsten Teile der **Stadtmauer** (vgl. Tour Nr. 6, S. 57ff)! Die erste Bauphase stammt aus der gleichen Zeit wie das Haus zur Trommel. Später wurde die Mauer erhöht und um 1300 mit den Arkaden des Wehrgangs versehen. Noch heute ist sie, vor allem im Südwesten und Süden, vor allem aber im Norden und Osten in großen Teilen erhalten. Die großen Durchfahrten für die Petersstraße wurden erst nach dem Zweiten Weltkrieg gebrochen.

Wenn wir direkt am romanischen Haus (Römerstraße) oder eine Straße weiter unterhalb (Obermühlgasse) links einbiegen, haben wir eines der eindrucksvollsten Ensembles der Stadt vor uns, das ehemalige Paulusstift, heute **Dominikanerkloster**. Wo einst das römische Kastell und später die Burg der Salierherzöge standen, in der auch Kaiser Konrad II. geboren sein soll, ließ Bischof Burchard eine spätottonische dreischiffige Stiftskirche errichten. Der Legende nach soll er sogar eigenhändig am Abriss der Salierburg beteiligt gewesen sein („ob libertatem civitatis" – um der Freiheit der Stadt willen), denn es ging um nichts weniger als die Stadtherrschaft. Von dem ursprünglichen Bau stammen die Giebelwand des Ostchores und die beiden Türme, die das Westwerk flankieren. Um 1100 erhielten sie ihre kuppelförmigen Bekrönungen, die ihnen ein morgenländisches Aussehen geben. Sogenannte Heidentürme finden wir auch in Alsheim, Dittelsheim und Guntersblum. Man nimmt an, dass die zurückkehrenden Kreuzfahrer sich die Golgathakirche in Jerusalem als Vorbild genommen hatten.

Dominikanerkloster St. Paul
Paulusplatz 5
67547 Worms
Kloster Tel. 06241/920400
E-Mail:pater.ludger@gmx.de
Öffnungszeiten:
ganzjährig 9 – 18 h

Die orientalischen Türme der Pauluskirche.

Wie bei allen Wormser Gotteshäusern wurden in staufischer Zeit Baumaßnahmen vorgenommen. Deshalb verwundert auch nicht die starke Verwandtschaft der Zwerchgalerie des Ostchors mit den Formen des Doms. Auch innen hat der Chor der Pauluskirche mit seinen fünf figürlich geschmückten Säulen noch seinen romanischen Ursprung bewahrt, ist aber für Besucher nicht zugänglich. Heute hat die Kirche infolge zahlreicher Zerstörungen ein barockes Gesicht mit einem liebreichen Gottvater und vielen lobsingenden Engeln.

Eine Kostbarkeit ist die zweiflügelige Tür des Haupteingangs. Sie ist eine Nachbildung von zehn Feldern der Bernward-

Tür am Hildesheimer Dom und wurde 2008 ganz neu in Bronze nachgegossen.

Ab 1880 diente die Kirche dem Altertumsverein als Museum. 1929 kehrte der Dominikanerorden (die Dominikanerkirche befand sich auf dem heutigen Gelände der Kaiserpassage) nach Worms zurück und bezog die alten Stiftsgebäude. Seither wird in St. Paul wieder Gottesdienst gefeiert. Gerne öffnen die Patres aber auch ihren Kreuzgang mit blühendem Klostergarten für anspruchsvolle Konzerte und interessante Gespräche.

Die Rupertikirche, die zum Stift gehörige Pfarrkirche, stand in der heutigen Paulusstraße und war um einiges älter als St. Paul. Sie diente möglicherweise den Saliern als Hauskirche. Bei der Pfalzverwüstung 1689 wurde sie so stark beschäftigt, dass sie nicht wieder hergestellt wurde und schließlich verschwand. Eine Schautafel an der Außenwand des Paulusklosters zeigt, wie die Gesamtanlage früher einmal ausgesehen hat.

Ein weiteres herausragendes romanisches Gebäude, das die Handschrift der Dombauhütte trägt, ist die Synagoge am Synagogenplatz (vgl. Tour Nr. 3, S. 30ff). Sie ist in wenigen Minuten über die Paulusstraße, Römerstraße, Rheinstraße, Karolingerstraße und Hintere Judengasse zu erreichen. Von dort aus gelangen wir, wenn wir durch die Judengasse weitergehen, die Friedrichsstraße überqueren und in die untere Kämmererstraße einbiegen, in knapp fünf Minuten zur Martinskirche.

Die **Martinskirche**, heute beherrschender Bau am

St. Martin
Martinsgasse 6
67547 Worms
Pfarramt Tel. 06241/6115
täglich 10 – 18.30 h
Man erreicht die Nordseite der Kirche über den Hof des Martinushauses, der zwischen Kirche und Barockhaus gelegen ist.

Wo heute die Martinskirche steht, soll der heilige Martin in einem Kerker geschmachtet haben, weil er dem römischen Kaiser den Kriegsdienst verweigerte.

Evangelische Bergkirche St. Peter
Berggasse
(Straße nach Herrnsheim)
67549 Worms
Tel. 06241/7123
Die Bergkirche ist ganztags über den Seiteneingang zugänglich.
Anfahrt: Bus: ab Haltestelle (18 Minuten ab Ludwigsplatz) nach Hochheim (Linie 408/Spätlinie 413), Ausstieg Konventstraße oder Hauptfriedhof

Tipp

- Timescafé Worms

Ludwigplatz1
67547 Worms
Tel. 06241/849700
www.timescafe.de
Öffnungszeiten:
Mo – Mi: 8.30 – 24,
Do – Sa: 8.30 – 2,
So + Fei: 10.30 – 24
Szene-Restauant, wechselnder Mittagstisch, große Terrasse in der Kämmererstraße und auf dem Ludwigplatz

Die romanische Hauswand in der Petersstraße wurde nach der Stadtzerstörung bei einer Sprengung freigelegt.

Die Bergkirche St. Peter in Hochheim geht auf Bischof Burchard zurück. Er soll hier ein schönes Klösterlein erbaut haben.

Ludwigsplatz, bildete als Stiftskirche im Mittelalter mit der Lampertikirche zusammen einen stattlichen Komplex. Das Martinspatrozinium lässt auf einen fränkischen Ursprung schließen. Der Heilige soll 355/356 hier im Gefängnis gelegen haben, weil er Kaiser Julian Apostata den römischen Kriegsdienst verweigerte. Die Legende berichtet, dass über dem Kerker früher ein Martinsoratorium gewesen sei. Unter Bischof Burchard wurde die Kirche 1016 geweiht, wenn sie auch damals wohl noch nicht fertig war.

Der heutige Grundriss der Kirche geht auf den frühromanischen zurück. Vier Pfeiler in den Mittelschiffwänden und auch Teile des aufsteigenden Mauerwerks stammen noch aus dieser Zeit. Um 1220/1230 wurde das Gebäude den staufischen Formen angepasst. Es gibt sowohl Übereinstimmungen mit dem gerade vollendeten Dom als auch mit der Synagoge. Bis ins 15. Jahrhundert diente St. Martin der Familie der Kämmerer von Worms, die in der unteren Kämmererstraße ihre Stadthöfe hatten und zugleich Schutzherren der Wormser Juden waren, als Grablege. Aus dieser Zeit sind noch einige interessante Grabsteine erhalten. Besonderer Schmuck neben den eindrucksvollen modernen Glasfenstern sind die alten Eingangsportale, insbesondere das gegen 1230 vollendete Westportal, ein Rundportal mit reichen frühgotischen Detailformen, zierlichem Rankenwerk sowie Löwen und Drachen. Wer sich die Martinskirche von innen ansehen will, hat Glück. Im ehemaligen Kreuzgang, heute Garten des Pfarrhauses mit üppiger Vegetation, befindet sich das Nordportal, das täglich geöffnet ist. Über der Tür ist der heilige Martin bei der Mantelteilung abgebildet (Mosaik von Agathe Sanders), aber auch die Geschichte mit der Zaubergans (vgl. Tour Nr. 3, S. 30ff) hat hier ihren Niederschlag gefunden.

Tipp

Kleine romanische Kostbarkeit: Die Bergkirche St. Peter

Eine kleine romanische Kostbarkeit ist drei Kilometer außerhalb der Kernstadt, im Wormser Vorort Hochheim zu finden. Auf der höchsten Stelle der Stadt, die schon von Römern und Franken besiedelt war, steht die kleine evangelische Bergkirche St. Peter mit ihrem trutzigen alten Wehrturm. In der Vita Bischof Burchards ist von einem „Klösterlein" zwei Meilen von Worms entfernt die Rede, in die sich der große Mann nach den mannigfaltigen Geschäften und Sorgen oft zurückgezogen habe. Der Turm mit den archaischen Menschenköpfen wurde im 12. Jahrhundert aufgestockt, die zwei unteren Geschosse stammen noch aus der Burchardzeit. Die romanische Krypta der Bergkirche, die lange Jahre verschüttet war, dürfte in dieser Zeit entstanden sein. Wer hinabsteigt in den kleinen, nur viereinhalb Meter langen Raum, der von vier Säulen mit Würfelkapitellen getragen wird, spürt sofort die starke meditative Aura dieses Ortes. Vor noch nicht allzu langer Zeit wurde auch eine Altarplatte (Mensa) aus der Burchardzeit wieder entdeckt und ihrer ursprünglichen Bedeutung zurückgegeben.

Die kleine Krypta der Bergkirche ist die einzige in ganz Worms. Sie strahlt eine besondere Ruhe aus.

3. Raschis Erbe
900 Jahre jüdisches Warmaisa

Synagoge mit Jeschiwa und Mikwe – Raschihaus mit Jüdischem Museum – Haus zur Sonne – Judengasse – Martinskirche – Dom-Südportal – Jüdischer Friedhof „Heiliger Sand“

Jahr für Jahr kommen Tausende von Juden nach Worms, um die historischen Stätten des alten Warmaisa zu besuchen. Nirgendwo in Deutschland sind so viele Zeugnisse vergangenen jüdischen Lebens zu besichtigen wie hier, auch wenn sie – wie die Synagoge oder die Judengasse – nicht mehr im Original erhalten sind. Auch in Worms wurde das ehrwürdige Gotteshaus in der „Reichspogromnacht“ am 10. November 1938 zerstört. Dank einer unermüdlichen Initiative Wormser Bürger gelang es, die Synagoge von 1959 bis 1961 nach alten Plänen und unter Verwendung von Spolien wieder aufzubauen. Die Judengasse wurde im Zuge einer umfassenden, sehr behutsamen Altstadtsanierung in Anlehnung an die Originalsituation restauriert. Unverändert seit Jahrhunderten ist der alte Jüdische Friedhof, der „Heilige Sand“. Der älteste Grabstein, der sich hier findet, stammt aus dem Jahr 1076. Was heutzutage in der sandigen Erde versunken sein mag, dürfte älter sein, denn Worms gehörte zu den deutschen Städten, die am frühesten von Juden besiedelt wurden. Die erste schriftliche Nachricht darüber ist aus dem 10. Jahrhundert überliefert.

Start:
Synagoge, Synagogenplatz (Judengasse)

Länge:
1,5 km

Dauer:
1–1,5 Stunden (+ 8 – 10 Minuten zum Parkplatz zurück)

Parken:
Parkhäuser Friedrichstraße, Ludwigsplatz und Tiefgarage Kaiserpassage

Die romantische Judengasse ist der mittelalterlichen Situation nachempfunden.

Die Wormser Synagoge ist noch heute Anziehungspunkt vieler Juden aus aller Welt.

Thoraschrein und der Chanukka-Leuchter in der Synagoge.

Jüdische Synagoge
Synagogenplatz
(in der Judengasse)
67547 Worms
Öffnungszeiten:
April – Oktober:
täglich 10 – 12.30,
13.30 – 17 h
November – März:
täglich 10 – 12, 14 – 16 h
Eintritt: frei

Wir beginnen unseren Spaziergang durchs jüdische Worms am Synagogenplatz, direkt vor der **Synagoge**, die eine Rekonstruktion des ältesten jüdischen Gotteshauses aus Stein in Deutschland ist. Bereits 1034 wurde ein erster Bau eingeweiht. Die Steintafel auf der Frontseite nennt das Ehepaar Jakob und Rachel als Stifter. Was wir heute sehen – ein Stilgemisch aus Romanik, Gotik und Renaissance – ist das Ergebnis mehrfacher

Wer war Raschi?

Raschi (1040–1105), ein Kunstwort, das sich aus den Anfangsbuchstaben des Namens Rabbi Schlomo ben Jizchak zusammensetzt, stammte aus Troyes in der Champagne, trieb aber um 1060 für einige Jahre religiöse Studien bei berühmten Lehrern Jakob ben Jakar und Isaak ben Eleasar ha-Levi in Mainz und Worms. Vor allem mit Worms ist sein Name eng verbunden, und mehrere Legenden, die sich um sein Leben ranken, sind hier beheimatet. So wird erzählt, dass seine schwangere Mutter in der engen Gasse neben der Synagoge von einem Wagen mit wilden Pferden so in die Enge getrieben wurde, dass sie den sicheren Tod vor Augen hatte. Nur weil die Synagogenwand sich wundersam zu einer Nische auftat, konnte die Frau gerettet werden. Diese Nische kann heute noch in der Hinteren Judengasse besichtigt werden.

Umbau- und Erweiterungsphasen. Wie bei anderen sakralen Gebäuden der Stadt erfolgte im 12. Jahrhundert ein Neubau im spätromanischen Stil. 1186 wurde die Mikwe, das kultische Bad, angelegt. 1212/1213 kam es zum Anbau der sogenannten Frauensynagoge. Die letzte Erweiterung fand im frühen 17. Jahrhundert durch die Angliederung der Vorhalle und des Talmudlehrhauses, auch Raschikapelle genannt, statt.

Durch das schmiedeeiserne Tor betreten wir den gepflasterten Synagogenhof. Dabei fällt zunächst die Skulptur Raschis ins Auge, die der Speyrer Künstler Wolf Spitzer geschaffen hat. Es ist eine moderne Interpretation des großen jüdischen Gelehrten, dessen Kommentare zu Thora und Talmud bis heute noch in Gebrauch sind.

Die Synagoge selbst ist ein heller zweischiffiger Bau, ausgestattet mit der Heiligen Lade (Aron ha-kodesch), die die fünf Bücher Moses (Thora) enthält, dem Lesepodest (Almemor), und dem achtarmigen Chanukkaleuchter. Die reich verzierten Säulen im Hauptraum machen aus ihrer engen Verwandtschaft zu den übrigen romanischen Sakralbauten in Worms keinen Hehl. Mit ziemlicher Sicherheit waren hier dieselben Bauleute am Werk wie bei Dom und Andreaskirche. In dem Frauenanbau, der früher durch eine Wand von der Männersynagoge abgetrennt war, sind heute Tafeln mit den Namen der über 400 jüdischen Opfer des Nazi-Regimes angebracht.

Wenn wir um die Synagoge herumgehen, stoßen wir auf das Lehrhaus, die **Jeschiwa**, die aus dem 17. Jahrhundert stammt und folglich nicht der Ort gewesen sein kann, an dem Raschi studierte. Der markante steinerne Lehnstuhl, als Raschistuhl bekannt, der schwere hölzerne Tisch mit entsprechender Bestuhlung, der sanfte Lichteinfall durch die altertümlichen Butzenscheiben geben dem Raum jedoch eine ganz besondere Aura. Die empfinden wir auch, wenn wir ein paar Schritte weiter den efeuumrankten Abgang zur **Mikwe** hinabsteigen, die sieben Meter unter der Erde liegt. Das Untertauchbecken für die rituelle Reinigung wird gespeist von „lebendigem“ Wasser, einem Grundwasserstrom, der aus dem Nordpfälzer Bergland kommt. Auf der Westseite des Synagogenhofs berichtet eine steinerne Tafel, dass ein Mann namens Joseph der Stifter des kultischen Bades war.

Die Juden hatten daneben auch ein Bad zur Körperreinigung. Es dürfte sich mit anderen Gemeinschaftsräumen auf dem Gelände des Synagogengartens sowie im weiteren Umfeld befunden haben. Neuere Forschungen lassen auch vermuten, dass das „echte“ Raschi-Lehrhaus im Süden der Synagoge zu suchen ist.

Eindrucksvoll: der steinerne Gelehrtenstuhl in der so genannten Raschi-Jeschiwa.

Raschihaus
(Jüdisches Museum)
Hintere Judengasse
67547 Worms
Tel. 06241/853-4701 und 06241/853-4707
Öffnungszeiten:
April – Oktober:
Di – So:
10 – 12.30, 13.30 – 17 h
November – März:
Di – So: 10 – 12, 14 – 16 h
Eintritt:
Erwachsene: 1,50 €,
Jugendliche 0,80 €

Die Mikwe, das rituelle Tauchbad, wird über viele Stufen erreicht.

Tor zum Frauenanbau der Synagoge.

Tipp

- Ristorante Ambiente

Weckerlingplatz 6
67547 Worms
Tel. 06241/3049888
Öffnungszeiten:
Mo – So: 9 – 24 h
Gehobenes Niveau, elegantes Restaurant und schöner Gartenhof mit Blick auf den Platz und das Andreasstift.

- Café Affenhaus

Judengasse 17
67547 Worms
Telefon: 06241/22216
Öffnungszeiten:
Di – Do: 10 – 19 h,
Fr + Sa: 10 – 23 h,
So + Fei: 10 –18 h
Ein bisschen alternativ, immer mal wieder mit kleinen Kunstausstellungen, mit Kabarett; große Spielesammlung. Wirt Albert Human serviert kleine, phantasievolle Essen.

Durch den Synagogengarten gelangt man zum heutigen **Raschihaus**, einem modernen Gebäude aus dem Jahr 1982, das sich das Institut für Stadtgeschichte und das **Jüdische Museum** teilen. Das Haus steht auf historischem Boden, war früher Tanz- und Hochzeitshaus der Gemeinde und diente im 19. Jahrhundert als Altersheim. 1971 wurde es teilweise abgetragen. Erhalten ist der gewaltige Gewölbekeller. Hier ist eine Dauerausstellung mit jüdischen Kultgegenständen zu besichtigen, die Auskunft geben über Feste und Gebräuche und jüdisches Leben im Mittelalter. Im Parterre lässt sich unter anderem die berühmte Urkunde Kaiser Heinrichs IV. von 1074 bestaunen, die älteste Urkunde der Stadt überhaupt, die den Wormsern und ausdrücklich auch den Juden Zollfreiheit gewährte. Sein Wormser Privileg von 1090, das den Juden weitreichende Rechte gab, ist im Original leider nicht mehr erhalten. Es gibt aber auch Erinnerungen an jüdische Bürger, die im wirtschaftlichen und geistigen Leben der Stadt eine große Rolle gespielt hatten, ehe sie geächtet, deportiert und ermordet wurden.

Wenn wir das Raschihaus in Richtung Synagogenplatz verlassen und auf die Judengasse zugehen, stoßen wir erstmalig auf einige der Stolpersteine, die der Künstler Gunter Demnig auf Initiative von Warmaisa, der Gesellschaft zur Pflege und Förderung jüdischer Kultur in Worms, in das Pflaster eingelassen hat. In der Stadt sind mittlerweile 90 Steine aus Messing verlegt worden. Sie erinnern an die Menschen, die hier lebten, ehe sie ein Opfer des nationalsozialistischen Vernichtungswahns wurden.

Der Synagogenplatz wird wie früher von Häusern begrenzt. Wo heute direkt gegenüber der Synagoge ein modernes Gebäude steht, war früher die Levy'sche Synagoge zu finden. Es handelte sich um ein 1875 auf Kosten des reichen Getreidehändlers Leopold Levy umgebautes Getreidemagazin, das strengeren, konservativen Gottesdienstformen dienen sollte. Die Levy'sche Synagoge wurde bei Bombenangriffen schwer beschädigt und 1947 abgetragen. Im Original erhalten ist dagegen das **Haus zur Sonne**, das seit Kurzem den über 130 Gemeindemitgliedern zur Verfügung steht. Bis dato ist die Wormser Gemeinde allerdings noch nicht wieder eigenständig, sondern gehört zur Gemeinde Mainz.

Wir befinden uns nun in der **Judengasse**, die dank einer behutsamen Sanierung in den 70er Jahren ihren malerischen Charakter bewahrt hat. Die Häuser lehnen sich an die Stadtmauer, die vielfach auch als Hauswand diente. An einigen Stellen verlief früher der Wehrgang sogar durch die Häuser, sodass die patrouillierenden Wachen regelmäßig in den Stuben der jüdischen Bewohner auftauchten. Die Häuser hatten Namen, die noch heute durch entsprechende Symbole gekennzeichnet sind (Zur Pulverflasche, Zur Büchs, Zum Schwarzen Bären, Zur Kanne u. a.). Die Lage des Judenviertels zwischen der Martinspforte und der ehemaligen Judenpforte (Einmündung der Bärengasse in die Nordanlage, auch Friesenspitze) ist bereits seit dem 13. Jahrhundert gesichert. Nach der Verwüstung beim Pestpogrom 1349 wurden im Westen und Osten abschließbare Tore angebracht. Um 1500 wohnten hier 300 Juden, später stieg die Zahl auf mehr als das Doppelte.

Das so genannte Raschitor wurde erst zu Beginn des 20. Jahrhunderts gebrochen.

Zwar lebten Juden und Christen über die Jahrhunderte hinweg relativ friedlich zusammen, doch gab es immer wieder Verfolgungen und Vertreibungen – nicht nur das furchtbare Kreuzzugspogrom, sondern auch das bereits

i

Legende von der Zaubergans

Die Legende erzählt, dass man den Juden den Ausbruch der Epidemie in die Schuhe schob, weil sie angeblich die Brunnen der Stadt vergiftet hätten. Viele Juden fanden Zuflucht bei wohlmeinenden Christen, doch ging das Gerücht, dass sich eine Zaubergans auf die Häuser setze, in denen Juden versteckt seien, sodass man sie leicht finden könne. Ein Jude verkleidete sich nun als Pfarrer und wetterte in der Martinskirche von der Kanzel herab gegen den Aberglauben der Bevölkerung. Schließlich sitze diese Gans sogar auf der Martinskirche, obwohl sich hier mit Sicherheit kein Jude aufhalte, argumentierte er. Das machte dem Spuk vorerst ein Ende.
Die „Gans" ist übrigens noch heute auf dem Dach der Kirche zu sehen. In Wirklichkeit handelt es sich um einen Adler mit ausgebreiteten Schwingen, Zeichen für den in den Himmel fahrenden Christus.

erwähnte Pogrom zu Zeiten der großen Pest. Unter den zahlreichen Legenden, die der Wormser Synagogendiener Juspa Schammes (1604 - 1678) überliefert hat, rankt sich eine auch um dieses Ereignis. Sie spielt in der **Martinskirche**.

Die „Zaubergans" auf dem First der Martinskirche.

Wenn wir, aus der Judengasse kommend, die Friedrichstraße überqueren und durch die Martinsgasse laufen, stoßen wir auf den Ludwigsplatz. Er wird an seiner Nordseite von der Martinskirche begrenzt. (vgl. Tour Nr. 2, S. 20ff).

Dass man die Juden nicht erst in der Nazizeit für verblendete Ungläubige hielt, ist für alle Zeit in Stein gehauen. Um den Mann mit dem Judenhut zu sehen, der von einem Löwen (möglicherweise das Symbol für Christus) verschlungen wird, müssen wir vom Ludwigsplatz durch die Anlagen des ehemaligen Stadtgrabens in Richtung Dom gehen. Auf dem Wimperg des **Dom-Südportals** reitet die triumphierende Ecclesia. Ihre Schwester, die Synagoga, steht mit verbundenen Augen und zweifach geknickter Lanze in der Ecknische der Annenkapelle. Sie ist, so die damalige Auffassung, blind für die wahre

Die Grabsteine von Rabbi Meir von Rothenburg und Alexander ben Solomon Wimpfen Süßkind sind stets mit Steinen und Bittzetteln bedeckt.

Erkenntnis. Um dies noch einmal ausdrücklich zu unterstreichen, ist die Synagoga noch ein zweites Mal auf dem Portal dargestellt, dieses Mal bei der Kreuzigung im direkten Gegenüber zur Ecclesia.

Wir verlassen den Dom über den Platz der Partnerschaft, gehen durch den Torbogen in der Stadtmauer, steigen hinab in die Anlage und überqueren die Straße am sogenannten EWR-Kreisel, kenntlich durch eine sprudelnde Wasserfontäne. Gegenüber, im Willy-Brandt-Ring 19, befindet sich der Eingang zum „**Heiligen Sand**". Auf dem Vorplatz sehen wir das Leichenwaschhaus und den Brunnen für die kultische Reinigung bei Verlassen des Friedhofs.

Kaum haben wir durch das kleine Pförtchen den eigentlichen Friedhof mit den alten, oft halb versunkenen Grabsteinen und dem vielen Grün betreten, erfüllt uns eine wunderbare Ruhe. Die Zeit scheint stehen geblieben. Gleich linker Hand fallen zwei Steine auf, die über und über mit Quitteln, kleine Zettel mit Bittgebeten,

Jüdischer Friedhof
„Heiliger Sand"
Willy-Brandt-Ring 19
67547 Worms
Öffnungszeiten:
tagsüber geöffnet (außer an jüdischen Feiertagen):
Sommerzeit: 8 – 20 h
Winterzeit: 8 h bis Einbruch der Dunkelheit
Eintritt: frei

i Die historische Überlieferung von Rabbi Meir ben Rothenburg

Die Sage erzählt, dass der berühmte Rabbi Meir auf seiner Reise ins Heilige Land von König Rudolf von Habsburg gefangen genommen wurde, um von seinen Freunden Lösegeld zu erpressen. Er weigerte sich, zu diesen Bedingungen freigekauft zu werden, und starb 1293 in der Gefangenschaft. Sein Schüler Alexander kaufte 1307 mit dem Erlös all seiner Habe den Leichnam des verehrten Lehrers frei und ließ ihn in Worms bestatten mit der Bitte, selbst neben ihm beerdigt zu werden.

Die Trauerhalle auf dem neuen Jüdischen Friedhof ist ein Meisterwerk des Darmstädter Jugenstils.

bedeckt sind. Sie gehören zu den Gräbern des Wormser Märtyrers Rabbi Meir von Rothenburg, abgekürzt Maharam, und seines Wohltäters, Alexander ben Solomon Wimpfen Süßkind.

Im „Tal der Rabbiner", in der südöstlichen Ecke des „Heiligen Sands", sind einige bedeutende Gelehrte begraben, darunter auch der Maharll (1427) aus Mainz, Elia Loanz (1636) – der Lehrer des Juspa Schammes – und der Rabbi Jair Chaim Bacharach (1702). Es lohnt sich aber auch, auf den neueren, höher gelegenen Teil des Friedhofs zu gehen und sich die Gräber aus dem 18. bis 20. Jahrhundert anzusehen, die, bis auf die hebräischen Inschriften auf der Rückseite, kaum von den christlichen Grabmalen dieser Zeit zu unterscheiden sind. Wer hier oben steht, erblickt in der Ferne den Dom und wird an die bewegenden Worte des Philosophen Martin Buber denken, der die vollkommene Harmonie des christlichen Bauwerks bewundert, die im Gegensatz steht zu den „schiefen, zerspellten, formlosen, richtungslosen Steinen". Sie aber stellen die Beziehung zum Sinai her „Das ist die Erinnerung an das Geschehen mit Gott, die allen Juden gegeben ist (...) nichts kann mich abbringen von der Gotteszeit Israels", schließt Buber.

Der „Heilige Sand" wurde 1911 geschlossen und blieb wie durch ein Wunder in der Nazizeit verschont.

Tipp

Neuer jüdischer Friedhof

Mit dem Bau eines neuen kommunalen Friedhofs 1904 auf der Hochheimer Höhe (ca. 3,2 km ab Stadtmitte) wurde dort auch ein neuer jüdischer Friedhof integriert (Eckenbertstraße 112). Bemerkenswert ist die Trauerhalle im Darmstädter Jugendstil, erbaut von Georg Metzler, die in den letzten Jahren vollständig restauriert wurde. Wer Zeit erübrigen kann, sollte sie, um das Bild vom jüdischen Worms zu vervollständigen, nicht auslassen. Sie ist mit dem Stadtbus ab Haltestelle Hochstift (z.B. Linie 404), Hauptbahnhof nach Hochheim (Linie 408 / Spätlinie 413) zu erreichen. Sie ist allerdings derzeit nur von außen zu besichtigen.

4. Hier stehe ich, ich kann nicht anders ...
Mit Luther auf dem Reichstag zu Worms

Martinspforte – ehemaliger Johanniterhof (Hardtgasse) – Heylshofpark – Lutherdenkmal – Museum Andreasstift – Magnuskirche – Dreifaltigkeitskirche

Es gibt zahlreiche Städte, vorwiegend im Osten Deutschlands, in denen Martin Luther lebte und wirkte, und viele können noch heute authentische Orte aufweisen. In Worms ist das nicht so. Der Reformator verbrachte nur kurze Zeit hier, doch gerade diese zehn Tage haben die Welt bewegt. Deshalb kommen viele Menschen eigens nach Worms, um den Ort des historischen Bekenntnisses zu erleben.
Was tat sich damals in Worms? Der Reichstag unter der Regie des jungen Kaisers Karl V. hatte ursprünglich in Nürnberg stattfinden sollen, war aber wegen einer Seuche, die dort ausgebrochen war, nach Worms verlegt worden. Er tagte bereits seit Januar 1521, und in der Stadt, die damals rund 7000 Einwohner zählte, hielt sich fast die doppelte Anzahl an Besuchern auf. Der päpstliche Gesandte Aleander charakterisierte die Stimmung düster: „Neunzig Prozent der Deutschen erhebt das Feldgeschrei ‚Luther', der Rest ruft ‚Tod dem römischen Hof'", berichtete er nach Rom. In der Tat sprach der Wittenberger Augustinermönch mit seiner Rückkehr zu den Ursprüngen des christlichen Glaubens vielen Zeitgenossen aus der Seele. Für seine Schriften, die nicht nur als klare Kampfansage an Rom, sondern auch als Auflehnung gegen die Obrigkeit verstanden wurden, hatte die römische Kirche Luther bereits gebannt. Nun erwartete man, dass der Kaiser die Acht aussprechen würde.

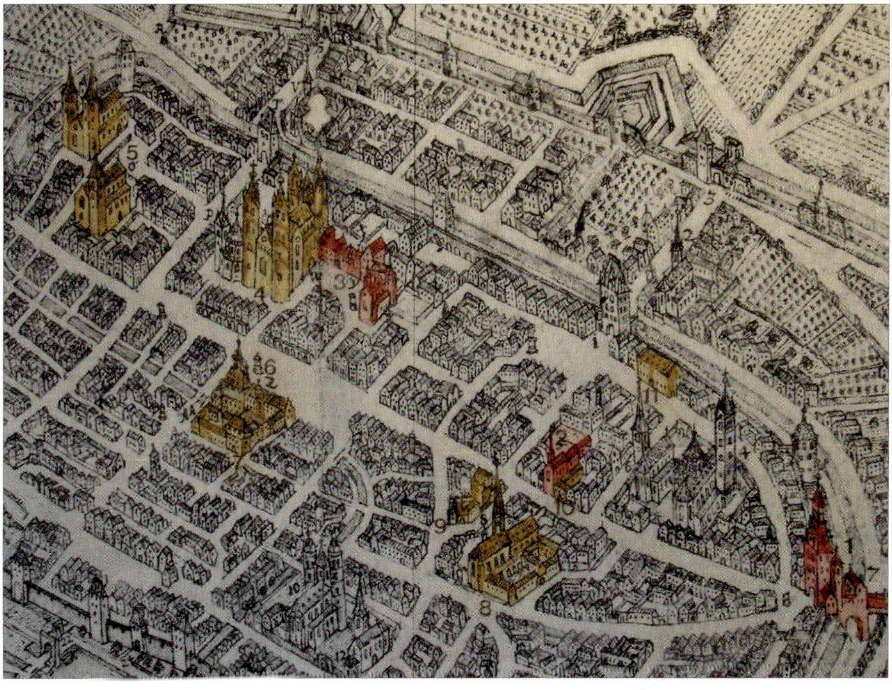

Oben: Auf der Stadtansicht von Peter Hamann lässt sich der Weg Luthers im April 1521 nachvollziehen. Die Zeichnung hängt als Vergrößerung im Lutherzimmer des Museums Andreasstift.
Links: Das Lutherdenkmal, entworfen von Ernst Rietschel, stellt die verschiedenen Aspekte der Reformation eindrucksvoll dar.

Start:
Martinspforte, Kämmererstraße

Länge:
1,5 km

Dauer:
1 Stunde

Anfahrt:
Auto: Parkhäuser Friedrichsstraße, Kaiserpassage und Ludwigsplatz
ÖPNV: Bus vom Hauptbahnhof zum Startpunkt: Linien 401, 405, 408, 410; Haltestelle: untere Kämmererstraße

Begleiten wir nun den streitbaren Mönch auf diesen zehn Tagen und erwarten ihn mit viel anderem Volk an der Martinspforte, dem Eingang zur Kämmererstraße.

Die **Martinspforte** war das Nordtor des inneren Stadtmauerrings, ein 28 Meter hohes mächtiges Tor, das 1689 zerstört und 1904 von Stadtbaumeister Georg Metzler nach den Zeichnungen von Peter Hamman wieder erbaut wurde. Dabei wurde das Gebäude nicht nur um einige Meter stadteinwärts versetzt und stark verkleinert, sondern die frühere Turminnenseite wurde auch nach außen gedreht. Für den Besucher, der sich dem Stadtzentrum durch die Friedrichstraße nähert, ist die Fassade des Tores mit ihrem geschnitzten Erker ein sehr einladender Anblick.

Luther hatte sich am 2. April 1521 in einem zweirädrigen Wagen, begleitet von seinem Ordensbruder Petzenheimer, dem Theologen Amsdorf sowie dem Studenten Suaven in Wittenberg auf den Weg gemacht. Der Reichsherold Kaspar Sturm ritt als kaiserlicher Schutzbeauftragter voraus. Später schloss sich noch der Jurist und Humanist Justus Jonas an, um den

Das schöne Schnitzwerk des Balkons mit Wappen und Figurenschmuck zieht alle Blicke auf sich.

Schulterschluss mit dem Wittenberger zu demonstrieren. In Oppenheim versuchte man Luther aufzuhalten, weil man um sein Leben fürchtete, doch er wollte unbedingt nach Worms, auch wenn dort „so viel Teufel seien wie Ziegel auf den Dächern". Am Dienstagvormittag, 16. April, verkündete der Wächter die Ankunft der Reisenden. Viele Neugierige hatten sich an der Martinspforte versammelt, um den mutigen Augustinermönch zu sehen, von dem man sich große Dinge erhoffte.

Wir folgen Luther durch die Kämmererstraße vorbei an der Martinskirche und der damals noch vorhandenen Lampertuskirche bis zur Einmündung der Hardtgasse. Hier halten wir uns rechts und erreichen in Höhe der dortigen Bankfiliale die Stelle, wo sich im Mittelalter der **Johanniterhof** und die Weißkreuzkapelle befanden. Eine Tafel am Haus erinnert daran, dass Martin Luther während des Reichstags hier wohnte. Nebenan, im Gasthaus „Zum Schwan", war sein Schutzherr, Kurfürst Friedrich der Weise von Sachsen untergebracht.

Für den 17. April wurde Luther in den Bischofshof beschieden, um sich vor dem Kaiser und den Ständen zu rechtfertigen. Um möglichst wenig Aufsehen zu erregen, wählte man nicht den geraden Weg durch die Kämmererstraße, sondern den Gartenausgang des

Durch die Martinspforte, die heute als Nachempfindung des einstigen Stadttors den Eingang zur Kämmererstraße dominiert, zog Luther, von Oppenheim kommend, ein.

Auch bei Schnee verliert das Lutherdenkmal seine Schönheit nicht, nur finden sich nicht ganz so viele Besuchergruppen wie im Sommer ein, um die einzelnen Details zu studieren.

Auf dem Geschichtsfenster von Heinz Hindorf im Dom fehlt Martin Luther natürlich nicht.

Im Heylshof liegt an historischer Stelle eine Platte, die an Luthers mutiges Auftreten erinnert.

Johanniterhofs, und ging durch die Martinsgasse zum Obermarkt. Hier können wir wieder auf Luther treffen und begleiten ihn durch die Rotkreuzgasse zum Seiteneingang des Bischofshofbereichs.

Längst ist der Bischofspalast, der bis an die Stephansgasse reichte, verschwunden. Im **Heylshofpark** erinnert nur noch eine in den Fußboden eingelassene Platte und eine von Gustav Nonnenmacher gestaltete Hinweistafel an den denkwürdigen Ort. Als Luther hier zum ersten Mal erschien, wurde er aufgefordert, seine Schriften ganz oder teilweise zu widerrufen. Er bat sich einen Tag Bedenkzeit aus, aber sicher nicht, weil ihn die Angst packte, denn noch abends schrieb er an den Wiener Humanisten Cusipinan, dass er den Widerruf ablehne. Am nächsten Tag wurde er um die gleiche Zeit einbestellt, dieses Mal wegen der großen Zuhörerschaft in einen größeren Saal. Hier sprach er nun die Worte, die Weltgeschichte machen sollten: „Wenn ich nicht durch Zeugnisse der Schrift oder klare Vernunftgründe überwunden werde – denn ich glaube weder dem Papst noch den Konzilien allein, zumal es klar ist, dass sie öfter geirrt und sich selbst widersprochen haben – so bin ich durch die Stellen der Heiligen Schrift, die ich angeführt habe, festgelegt und gefangen in dem Worte Gottes. Daher kann und will ich nichts widerrufen, weil

Der Franzose Petrus Waldus (Waldenser) war einer der Vorläufer der Reformation.

etwas wider das Gewissen zu tun weder sicher noch heilsam ist. Gott helfe mir. Amen."

Der Kaiser brach die Verhandlung ab. Kirchliche Würdenträger versuchten, Luther in den folgenden Stunden noch umzustimmen. Erfolglos. Am 26. April verließ er Worms, und wurde wenige Tage später „entführt" und auf die Wartburg gebracht.

Soweit Luthers Aufenthalt in Worms.

Gehen wir nun aber noch einmal ein paar Schritte zurück zum **Lutherdenkmal**, um uns den ganzen Umfang der Reformation im Bild bewusst zu machen. Dazu überqueren wir die Stephansgasse wieder und befinden uns nun in der Lutheranlage.

Das Reformationsdenkmal wurde erbaut, um die Erinnerung an jene denkwürdigen Tage in Worms wach zu halten. Dazu hatte sich eigens 1856 ein Lutherdenkmal-Bau-Verein gegründet, der die Planung und Durchführung betrieb. Zunächst dachte man an andere Standorte, entschloss sich dann aber zu diesem Platz, der damals noch außerhalb der Stadtmauer, mehr oder weniger im freien Feld lag. Für die Gestaltung des Monuments konnte der Verein den Dresdener Bildhauer Ernst Rietschel gewinnen, der es als „Weltdenkmal der Reformation" konzipierte. Mit seinen Schülern Donndorf, Kietz und Schilling führte er das Werk aus. 1868

Tipp

• star region
In der Martinspforte
Kämmererstr. 60
67747 Worms
06241/269796
www.starregion.de
Öffnungszeiten:
Mo – Fr: 10 – 18.30 h
Sa: 10 – 16 h

Im Museum Andreasstift wurde zum Lutherjahr 1983 ein Lutherzimmer eingerichtet.

Museum der Stadt Worms im Andreasstift
Weckerlingplatz 7
67547 Worms
Öffnungszeiten:
Di – So: 10 – 17 h
Eintritt:
Erwachsene 2 €,
Jugendliche 1 €

wurde es im Rahmen eines großen national-protestantischen Festtags enthüllt.

Die Idee, die dem zinnenbewehrten Denkmal zugrunde liegt, ist das Lutherlied „Ein' feste Burg ist unser Gott". Im Mittelpunkt steht der Reformator mit erhobenem Haupt, die Heilige Schrift in der Hand, umgeben von seinen Vorläufern, Petrus Waldus (gestorben vor 1218), John Wiclif (gestorben 1384, nachträglich zum Ketzer verdammt), Jan Hus (verbrannt 1415) und Hieronymus Savonarola (hingerichtet 1498). Auf den vier Postamenten der Außenmauer wird Luthers weltlicher Förderer gedacht, Philipps von Hessen (vorne rechts), und Friedrichs des Weisen (vorne links) sowie der Humanisten und Kirchenkritiker Johann Reuchlin (hinten links) und Philipp Melanchthon (hinten rechts). Die drei sitzenden Frauengestalten symbolisieren Marksteine in der Geschichte der Reformation. So empört sich die protestierende Speyer (hinten Mitte) gegen die Behinderung des Reformationswerks 1529. Die Augsburg (links) hält die Friedenspalme in der Hand eingedenk des Augsburger Bekenntnisses (1530) und des Religionsfriedens. Die trauernde Magdeburg erinnert daran, dass die Durchsetzung der Reformation auch mit Krieg und Leid einherging: 1631 zerstörte der kaiserliche Feldherr Tilly die protestantische Stadt. Auf Reliefs sind wichtige Szenen im Leben Luthers dargestellt wie der Thesenanschlag und sein Auftritt vor dem Reichstag. Die Medaillons weisen auf einige seiner Forderungen hin und zeigen auch die Reformatoren Calvin und Zwingli.

Wir gehen nun durch die Anlagen in Richtung Süden, werfen durch das Doppeltor in der Stadtmauer einen Blick auf die Schokoladenseite des Doms, den West-

Tipp

- Fisch-Lorenz

Obermarkt 4
67547 Worms
Telefon: 06241/23821
Öffnungszeiten:
Mo – Fr: 8 – 18 h, Sa: 8 –14 h
Traditionslokal mit kleinem Gastraum, im Sommer Bestuhlung auf dem Obermarkt. Frische Fischgerichte.

chor, überqueren die Andreasstraße, folgen weiter der Stadtmauer – rechts sehen wir den Jüdischen Friedhof „Heiliger Sand“ – und machen auch die Biegung der Anlage nach Osten mit, vorbei am Werger-Schlösschen, dem Eckgebäude der Stadtmauer, und gelangen schließlich zum Andreastor, das erst Anfang des 20. Jahrhunderts durchbrochen wurde, um dem Verkehr Rechnung zu tragen.

Hinter dem Tor liegt der Eingang zum städtischen **Museum Andreasstift**. Wer einen Blick auf die Kopie einer Lutherbibel von 1541 mit handschriftlichen Eintragungen des Reformators (das Original wird mit 600 anderen Titeln der sogenannten Lutherbibliothek im Archiv der Stadtbücherei gehütet) und jene Schriften Luthers werfen will, die er auf dem Reichstag hätte widerrufen sollen, hat hier im Christoffelturm des Lutherzimmers Gelegenheit dazu. Dort findet sich auch Ernst Rietschels Modell für den Lutherkopf, der ursprünglich für das Reformationsdenkmal vorgesehen war, sowie ein Stich mit Luthers Auftreten vor dem Kaiser und manches mehr.

Vom Andreasstift aus fällt uns schon der spitze Turm der kleinen **Magnuskirche** ins Auge. Das so bescheiden wirkende Bauwerk war ursprünglich eine karolingische Einraumkirche aus dem 8./9. Jahrhundert, das sein heutiges Aussehen durch romanische und gotische Erweiterungen und den Anbau des Turms erhielt. Vor der Reformation war die Pfarrkirche dem Andreasstift zugeordnet. Da sich ein Teil der Kapitelherren auf die Seite Luthers stellte, unter ihnen auch der Stiftskantor Nikolaus Maurus und der Magnuspfarrer Ulrich Preu, kam es zu einer Spaltung. Während das Andreasstift katholisch blieb, wurde in der Magnuskirche schon 1521 protestantisch gepredigt. Sie blieb auch trotz einiger Reibereien bei den Lutheranern und kann damit als früheste reformatorische Kirche im süddeutschen Raum gelten.

Im Bombenkrieg wurde die Magnuskirche zerstört und unter Verwendung alter Bauteile neu errichtet und 1953 eingeweiht. Das Innere der kleinen Kirche besticht vor allem durch seine Helligkeit und Schlichtheit, in der die von Gustav Nonnenmacher gearbeiteten Säulenkapitelle, der alte Taufstein aus dem 15. Jahrhundert und vor allem das moderne Glasfenster (Harry MacLean) über dem

Magnuskirche
Dechaneigasse 3
67547 Worms
Öffnungszeiten:
April – September:
täglich 9 – 17 h,
Oktober – März:
nach Absprache unter
Tel. 06241/23978

Die Magnuskirche war die erste Kirche im süddeutschen Raum, in der reformatorisch gepredigt wurde.

Luther auf dem Reichstag zu Worms: Relief auf dem Reformationsdenkmal.

Altar eindrucksvolle Akzente setzen: es zeigt den auferstandenen Christus über der brennenden Stadt Worms, darunter symbolträchtig die kleine Glocke der Magnuskirche, die die Feuersbrunst inmitten der Trümmer überstand. In der Südwand ist ein Bild des spanischen Künstlers Antoni Tàpies aus Lavagestein mit dem Titel „Flèche blanche" (Weißer Pfeil) angebracht, das zur Meditation einlädt. Ob Luther die Magnuskirche besucht hat, ist nicht überliefert. Dass er die Reformationsgedächtniskirche zur Heiligen Dreifaltigkeit nicht kannte, nicht kennen konnte, steht außer Frage. Für die Reformation spielt die Dreifaltigkeitskirche, im Volksmund Marktkirche genannt, jedoch eine große Rolle, deshalb wenden wir uns nun dorthin.

Beim Lutherrundweg kommen wir auch am ehemaligen Palais Prittwitz vorbei, einem der schönsten Barockgebäude der Stadt.

Wir verlassen die Magnuskirche in Richtung Andreasstraße, biegen nach rechts ab, wobei wir einen Blick auf die Adler-Apotheke werfen, ehemals Palais Prittwitz, eines der schönsten erhaltenen Barockhäuser der Stadt, in dem der Komponist Rudi Stephan (1887–1915) geboren wurde, und wenden uns an der Ampel nach links zum Neumarkt hin. Wir können die Kirche nicht verfehlen, ihr hoher Kirchturm ist ein reizvolles Pendant zum gegenüberliegenden Dom und sollte es wohl auch immer sein. Denn der Wormser Magistrat entschied sich schon sehr früh für das lutherische Bekenntnis, berief mit Leonhard Brunner aus Straßburg einen lutherischen Prediger und richtete auch eine lutherische Schule ein – eine nicht ganz spannungsfreie Konstellation, denn der katholische Bischof blieb weiterhin Stadtherr. Mitte des Jahrhunderts setzte sich die Reformation dann aber endgültig in Worms durch, und zwar so gründlich, dass lange Zeit nur Lutheraner Ratsmitglieder werden durften. Ja, die Protestanten lehnten sogar über hundert Jahre die Einführung des gregorianischen Kalenders ab, weil er von den Papisten ersonnen war.

Die Lutherkirche, Anfang des 20. Jahrhunderts, ist ein sehenswerter Jugendstilbau.

Die Prostanten hielten ihre Gottesdienste ab 1526 in der ehemaligen Dominikanerkirche St. Maria Magdalena ab, die von 1232 bis 1805 auf dem Gelände der heutigen Kaiserpassage stand. Erst 1709 begann man mit dem Bau des ersten eigenen protestantischen Gotteshauses. Der Grund: Zwanzig Jahre zuvor war die Stadt samt dem prächtigen Rathaus im Pfälzischen Erbfolgekrieg von den Franzosen niedergebrannt worden, und das Ratsmitglied Johann Friedrich Seidenbender stellte die Frage, ob diese Heimsuchung nicht als Strafe Gottes zu sehen sei. Der Magistrat beschloss daraufhin an der Stelle, wo die alte „Münze" nun in Trümmern lag, die **Dreifaltigkeitskirche** zu erbauen. Architekt war der kurpfälzische Capitaine-Ingénieur Villiancourt, der einen Kirchenbau in strengen barocken Formen entwarf. Die erste Galerie des Turms zeigt Aposteldarstellungen. Das Turmportal besitzt eine prachtvolle geschnitzte Holztür, die den Gedanken der Dreifaltigkeit symbolisch darstellt. Im Inneren war das weite Schiff damals von einer ausgemalten Stuckdecke überspannt und an drei Seiten von Emporen umgeben, deren Vorderseiten mit Bildern aus dem Alten und Neuen Testament geschmückt waren. Weil man glaubte, dass hier der Ort war, „wo Luther einst bekannt sein Wort", erinnerte ein Gemälde an der Turmwand an diese Begebenheit. Im Detail hatte man allerdings Unrecht. Zwar hatte der Reichstag größtenteils im Bürgerhof getagt, doch die „Sache Luther" wurde hier nicht verhandelt. Wie wir gesehen haben, hat die Schicksalsstunde der Reformation im Bischofshof geschlagen.

Die Dreifaltigkeitskirche, die nach sechzehnjähriger Bauzeit 1725 eingeweiht wurde, brannte 1945 vollständig aus und wurden in den Jahren 1955 bis 1959 wieder aufgebaut (Pläne: Otto Bartning, Otto Dörzbach). Wäh-

Tipp

Lutherkirche

Auch wenn die Lutherkirche am Karlsplatz erst Anfang des 20. Jahrhunderts gebaut wurde, ist sie eine interessante Ergänzung zum Lutherspaziergang (vgl. Tour 9, S.81ff). Sie ist von der Dreifaltigkeitskirche aus in rund 15 Minuten über die Stephansgasse, Kriemhildenstraße, Brunhildenbrücke und Friedrich-Ebert-Straße zu erreichen.

Die Dreifaltigkeitskirche.

Dreifaltigkeitskirche
Am Marktplatz 12
67547 Worms
Tel. 06241/23917
Öffnungszeiten:
April – September: 9 – 17 h
Oktober – März: 9 – 16 h

rend die Außenfassade weitgehend erhalten blieb, zeigt der Innenraum jedoch ein völlig verändertes Bild, weil man bewusst nicht nahtlos an frühere Zeiten anknüpfen wollte. Es gibt nur noch eine dreistöckige Empore an der Turmwand, in deren Zentrum nun Luthers Auftreten auf dem Reichstag als Mosaik (Walter Eglin) dargestellt ist. Die fünf Buntglasfenster (Wilhelm Buschulte) illustrieren den Text des Glaubensbekenntnisses inklusive Luthers Erklärungen, die in ornamentalen Großbuchstaben auf die Wände „geschrieben“ sind. Im Foyer der Kirche ist eine Lutherbüste von Adam Antes aufgestellt, die einen lebhaft denkenden Reformator zeigt.

Tipp

Der Lutherbaum in Pfiffligheim

Wer die Legenden liebt, dem sei ein Kurztripp nach Pfiffligheim empfohlen, in einen der ältesten Stadtteile von Worms. Auf der rechten Seite der Hauptstraße (das ist die Alzeyer Straße, die nach Worms-Pfeddersheim führt) steht – nicht zu übersehen – der Lutherbaum. Der Sage nach trieb er aus einem Stock aus, der in die Erde gesteckt wurde, als Beweis für die Wahrheit der Lutherschen Lehre. Wahr ist, dass der Baum, eine Ulme (Rüster) von riesigen Ausmaßen, in früheren Zeiten, als hier noch kaum Häuser standen, immer wieder für Erzählstoff sorgte. Nach allerlei Stürmen und Blitzschlägen war er nicht mehr zu retten. Erhalten ist der Stumpf, der mit einer Gedenkplatte aus der Werkstatt des Wormser Künstlers Gustav Nonnenmacher versehen ist. (Ab Stadtmitte 2,5 km (ca. 40 Minuten zu Fuß), mit Bus Linie 401, samstags und sonntags Linie 406, Spätlinie 415, Haltestelle Lutherbaumstraße.

Eine geschnitzte Tafel erzählt die Legende, wie ein Stab zu grünen begann und sich zu dem mächtigen Lutherbaum entwickelte.

5. Uns ist in alten Mären …
Auf den Spuren der Nibelungen

Siegfriedbrunnen – Haus zur Münze mit „Siegfrieds Einzug“ und Volker von Alzey – Saalstiege (Aufgang zum Heylspark) – Dom-Nordportal – Platz der Partnerschaft – Siegfriedstein – Nibelungenmuseum – Siegfrieds Grab – Hagendenkmal

Worms ist die Stadt der Nibelungen. In der Handschrift C des Nibelungenlieds, die mittlerweile als älteste Abschrift des verschollenen Originals gilt, werden Stadt und Umland über dreißig Mal erwähnt. Aber auch andere Dichtungen wie der Waltharius, das Rosengartenlied, die Thidrek-Saga nennen Worms als Stadt der Burgunderkönige. Hinzu kommt eine lokale Siegfried-Tradition, die Schmied und Drachentöter auf volkstümliche Weise zusammenbringt. Doch die hieb- und stichfeste historische Grundlage fehlt. Ob es jemals ein Burgunderkönigreich am Rhein gegeben hat, ist mehr als fraglich. Was der Dichter des Epos vor Augen hatte, war das Worms um 1200, die Stadt, die unter den Stauferkaisern ihre größte Blüte erlebte.
Auch wenn die Nibelungen nichts in Worms hinterlassen haben, weder die Reste einer Burg noch das Schwert Balmung und nicht einmal Brünhilds Gürtel, so hat doch die Nachwelt den Wormser Helden viele Kränze geflochten und Denkmäler gesetzt. Nicht zuletzt ist die Geschichte von Liebe, Verrat und Mord im 2001 eröffneten Nibelungenmuseum nachzuvollziehen und lebt seit 2002 alljährlich bei den Nibelungen-Festspielen wieder auf.

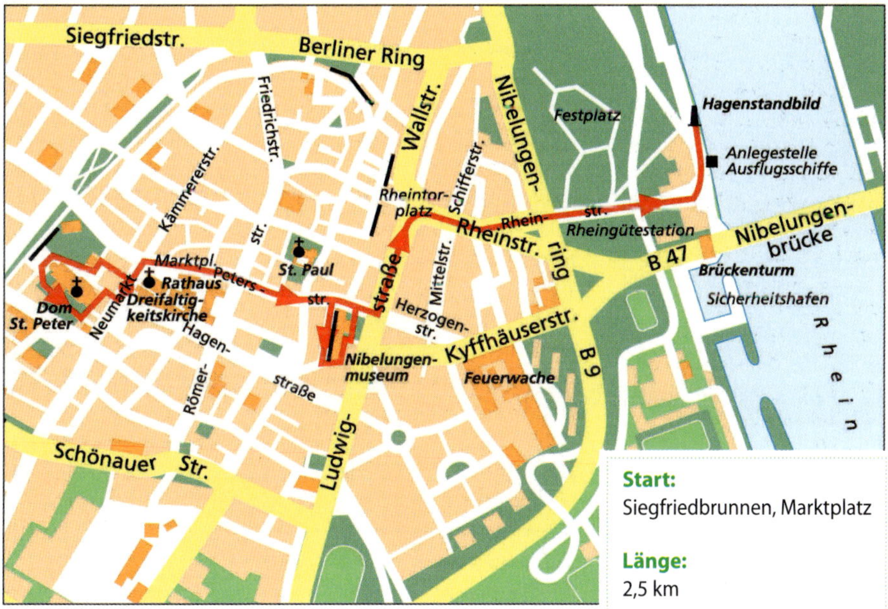

Start:
Siegfriedbrunnen, Marktplatz

Länge:
2,5 km

Dauer:
1 Stunde

Parken:
Parkhaus am Dom (Koehlstraße 7), Parkplatz Glaskopf

Der Drachentöter auf dem Siegfriedbrunnen hebt sich stolz vorm Turm der Dreifaltigkeitskirche ab.

Wir beginnen unseren Rundgang auf den Spuren der Nibelungen am **Siegfriedbrunnen**, der den Platz vorm Haus zur Münze dominiert. Hier steht er nun, der Held der Nibelungensage, doch begegnet er uns ganz untypisch, nicht als Kraftprotz, sondern als jugendliche Lichtgestalt, die triumphierend den Schwanz des besiegten Drachen hochhält. Geradezu zierlich wirkt die Skulptur aus Muschelkalk auf ihrem steinernen Unterbau. Von sieben Pfeilerarkaden fließt Wasser in ein Becken. Der Brunnen ist ein Werk des Münchener Künstlers Adolf von Hildebrand, den keine Geringere als Cosima Wagner dem Stifter, Cornelius Wilhelm Freiherr von Heyl zu Herrnsheim, empfohlen hatte. Schon 1913 war das Werk vollendet, aber es wurde erst 1921 aufgestellt, letztes Stück eines von der Nibelungensage stark geprägten Ensembles.

Wo heute das **Haus zur Münze** steht, ein Bau aus den 50er Jahren, der die Stadtbibliothek beherbergt, prunkte früher ein dreiteiliger Repräsentationsbau, mit dem das erstarkende Bürgertum ein selbstbewusstes Gegengewicht zur Bischofsherrschaft setzen wollte. 1581 schließlich wurde die Fassade von dem Wormser Maler Nikolaus Nievergalt neu gestaltet. Dabei bezog man sich unter anderem auch auf die sagenhaften Wurzeln der Stadt. Wie die Zeichnungen des Zimmermeisters und Ratsmitglieds Peter Hamman vom Ende des 17. Jahrhunderts überliefern, war Siegfried mit dem Drachen abgebildet und Kriemhild mit zwei Riesen, die zu ihren Füßen liegen. Ganz klar hatte hier nicht das in Mittelhochdeutsch abgefasste Nibelungenlied Pate gestanden – denn das kennt keine Riesen –, sondern eine örtliche Überlieferung, vielleicht das Rosengartenlied. Zur Illustration von Siegfrieds übermenschlicher Kraft waren riesige Knochen, wie man sie heute noch gelegentlich in den Kieslöchern der Altrheinregion findet, in den Arkaden aufgehängt.

1689 wurde die Stadt von den Franzosen niedergebrannt, und auch die prächtige „Münze" fiel in Schutt und Asche. An ihre Stelle trat 1910 dann ein ähnlich ambitioniertes Gebäude. Der Leder-Industrielle Cornelius Wilhelm Freiherr von Heyl zu Herrnsheim stiftete anlässlich der Hochzeit seines Sohnes einen großzügigen Fest- und Saalbau für die Wormser Bürgerschaft, das

Tipp

- Restaurant Kriemhilde

Hofgasse 2
67547 Worms
Tel. 06241/91150
Öffnungszeiten:
Mo – Fr: 11.30 – 14, 18 – 23,
So: 11.30 – 14 h
Die Hofgasse ist eine Treppe, auf deren Absätzen im Sommer Tische stehen; man hat einen guten Blick auf den Dom; gute Küche.

Tipp

Auch wenn Kinder anfangs bei diesem Spaziergang noch nicht allzu viel zu sehen kriegen, so dürfte das Nibelungenmuseum reichlich dafür entschädigen. Es wird dort beispielsweise eine Kinderführung angeboten, und das Mythenlabor lädt zum Experimentieren ein. Gelegenheit zum Spielen und Toben ist auf dem Torturmplatz.

Wo heute die Treppe mit dem geschwungenen Geländer in den Heylspark führt, darf man sich die Saalstiege vorstellen.

„Cornelianum". Architekt war der renommierte Stuttgarter Professor Theodor Fischer. Die Familie von Heyl, die, durchdrungen vom nationalen Geist der Kaiserzeit und als große Wagner-Verehrer, das Nibelungenthema auf vielfältige Weise entdeckte und förderte, ließ den großen Festsaal von Karl Schmoll von Eisenwerth mit sieben Wandgemälden ausstatten, die sehr prägnante, dichte Szenen aus dem Nibelungenlied darstellten. Die Bilder wurden im Zweiten Weltkrieg vollständig vernichtet. Es existieren nur noch Vorzeichnungen in Originalgröße, die heute im Großen Saal des Hauses zur Münze, im dritten Stock hängen, leider aber nur bei Veranstaltungen oder auf Nachfrage besichtigt werden können.

Was heute noch von der Bauzier des Cornelianums übrig ist, ist „**Siegfrieds Einzug**", ein Relief des Dresdener Künstlers Georg Wrba, das in der Vorhalle des Neubaus angebracht ist. Es zeigt den athletischen Helden hoch zu Ross, wie er mit seinen zwölf Recken in Worms einreitet und reichlich dreist das Burgunderreich für sich fordert. Von der Hauskante grüßt der Sänger **Volker von Alzey**. Auch diese nachdenkliche Skulptur mit Fidel und Schwert, die an den Dichter des Nibelungenlieds denken lässt, stammt von Georg Wrba.

Volker von Alzey am Haus zur Münze

Auf den Mauern des Platzes der Partnerschaft ist auch ein Relief mit Siegfried, Kriemhild und Giselher angebracht. Es stammt aus nationalsozialistischer Zeit.

Wir überqueren den Neumarkt und gehen dann durch die Hofgasse zum Schlossplatz. Unser Blick fällt auf das anmutige Heyl'sche Schlösschen und rechts davon auf den Eingang zum Heylspark. Auch wenn die baulichen Verhältnisse sich heute sehr viel anders gestalten als um 1200, kann man sich das Szenario des Nibelungendramas hier sehr gut vorstellen. Der Dom in seiner heutigen Gestalt stand bereits, als der Dichter sein Werk schrieb. Daran schloss sich der Bischofspalast an. Wahrscheinlich befand sich früher hier das römische Forum und später die Pfalz Karls des Großen, die Weihnachten 800 einem Brand zum Opfer fiel.

Vorm Nordportal des Domes stritten sich Kriemhild und Brunhild um den höchsten Rang.

An diesem Ort also hat Kriemhild – laut Darstellung des Dichters – am Fenster gestanden, als Siegfried auf den Hof einritt. Von hier aus schaute sie den Ritterspielen zu. Hier war auch der Festsaal, wo die prunkvolle Doppelhochzeit von Siegfried und Kriemhild und Gunther und Brünhild gefeiert wurde. Mehrfach ist im Nibelungenlied von der **Saalstiege** die Rede, einer Treppe, die auch im Bischofspalast noch existierte und eine wichtige rechtliche Rolle spielte. Ersteigt man die heutige Treppe zum Park des Heylshofs, so kann man auf der Balustrade rechter Hand eine in den Boden eingelassene Steinplatte sehen, die den möglichen Standort des Festsaals markiert.

Der berühmte Streit der Königinnen trug sich vorm

Nordportal des Doms zu, das wir nun mit wenigen Schritten erreichen. Das Nordportal war das Kaiserportal und Rechtsort, wo öffentlich verhandelt und gerichtet wurde. 1184 hatte Friedrich Barbarossa in einem Freiheitsbrief der Stadt Worms frühere kaiserliche Privilegien bestätigt. Daraufhin hatten die Wormser die Sache sozusagen publik gemacht, indem sie den Text auf einer Bronzetafel mit vergoldeten Lettern über dem Portal anbrachten. Das Kaiserportal wurde bei der Stadtzerstörung 1689 stark in Mitleidenschaft gezogen und kommt seither, verglichen mit dem Südportal, eher schlicht daher. 1981 hat der Wormser Bildhauer Gustav Nonnenmacher es durch eine stilisierte Kaiserfigur aus Bronze aufgewertet, ergänzt durch eine Tafel mit Auszügen des Huldigungsgedichtes.

Wer einen Blick nach links in die Domgasse tut, wird dort eine moderne Adaption des Königinnenstreits sehen, Teil eines Kunstprojekts der Nibelungen-Siegfried-Straße, das 2000 an 20 Orten zwischen Wertheim und Worms von dem Bildhauer Jens Nettlich realisiert wurde.

Wenn wir jetzt den Dom in Richtung Westen umrunden, sehen wir noch die Nahtstellen des Bischofspalastes und das Pförtchen, das einen direkten Zugang in das Münster, wie es im Nibelungenlied heißt, ermöglichte. Stellen wir uns vor, dass Kriemhild frühmorgens beim Gang in die Messe ihren toten Liebsten fand und vor Entsetzen so aufschrie, dass ihr das Blut aus dem Mund strömte.

Auf dem angrenzenden **Platz der Partnerschaft** begegnen wir jenem Teil deutscher Geschichte, in dem das Nibelungenlied für nationalistische Zwecke missbraucht wurde. Im „Dritten Reich" nämlich wurde das Gelände hinter dem Domwestchor ausgebaut zum Platz der Nation. Es versteht sich von selbst, dass man diesem zentralen Ort auch den entsprechenden Rahmen verleihen wollte. Der Künstler Albrecht Glenz fertigte im Auftrag der NS-Leitung fünf Reliefplatten mit einer programmatischen Bild- und Textfolge an, die die Herrschaft der Nationalsozialisten in die Tradition des mittelalterlichen Reichs und seines Kaiserdoms stellen sollten. Zwei der Abbildungen stehen für die Volksgemeinschaft in Gestalt von Bürger und Arbeiter und für die Familie; auf den übrigen Bildern werden herausragende Persönlichkeiten dargestellt, der Stadterneuerer Bischof Burchard, der Reformator Martin Luther und schließlich der Drachentöter Siegfried mit erhobenem Schwert, flankiert von Kriemhild und Giselher. Auf den begleitenden Spruchbändern, die nach dem Krieg ent-

Tipp

Auf ins Nibelungenland!

Die Nibelungen-Siegfried-Straße, die das Jagdrevier der Burgunder umfasst und jede Menge Siegfriedquellen zu bieten hat, beginnt in Worms und verläuft durch die schönsten Orte des Odenwalds wie Lindenfels, Erbach, Miltenberg, Amorbach, Tauberbischofsheim bis nach Wertheim am Main. Der touristische Zusammenschluss der beteiligten Gemeinden bietet reizvolle Auto-, Rad- und Wandertouren und viele Veranstaltungen wie die Nibelungenzüge 2000 und 2010. Nähere Informationen gibt es unter www.nibelungen-siegfried-strasse.de

In der Kirche des Klosters Lorsch steht angeblich des Helden hünenhafter Sarg. Das schmucke Städtchen, in dem sich das Weltkulturerbe „Königshalle" befindet und ein interessantes Museum, ist mit dem Auto in 20 bis 30 Minuten zu erreichen.

Eine moderne Adaption des Königinnenstreits von Jens Nettlich ist seit 2000 auf dem Rasen vorm Ostchor des Doms zu finden.

Das Nibelungenmuseum wurde direkt an die staufische Stadtmauer gebaut. Während sich die eigentliche Ausstellung in den Türmen unter Einbeziehung des Wehrgangs befindet, sind in den modernen Vorbauten Kasse, Verkaufsshop, Fahrstuhl, Cafeteria und Sanitäranlagen untergebracht.

fernt wurden, war unter anderem zu lesen: „Zwietracht im Volk und Schwäche des Reiches führen zum Untergang." Dem stand natürlich die berühmt-berüchtigte Nibelungentreue entgegen.

Heute wird das Thema sehr viel anders angepackt. Seit 2002 gibt es wieder Nibelungen-Festspiele (wie zu Anfang des Jahrhunderts, dann 1937 bis 1939 wie auch 1956) rund um den Dom. Dabei kamen in der Intendanz von Regisseur Dieter Wedel eigens für Worms geschriebene Stücke von Moritz Rinke, aber auch eine Hebbel-Inszenierung, eine Komödie von John von Düffel, ein Stück über Kaiser Friedrich II. und zuletzt zweimal eine Neuinterpretation des Jud-Süß-Stoffes (Wedel/ Joshua Sobol) zur Aufführung.

Die Bühne war 2009 übrigens an der Stelle aufgebaut, wo der riesige Stein liegt, den der starke Siegfried vom Rosengarten aus über den Rhein geworfen haben soll. Doch so gut das auch ins Bild passen würde: Mit an Sicherheit grenzender Wahrscheinlichkeit handelt es sich bei dem Stein um das Gegengewicht einer Baumkelter. Im nahen Bechtheim ist ein ähnliches Stück zu bestaunen.

Auf dem südlichen Platz vorm Dom war früher ein großer Begräbnisplatz, vielleicht wurde Siegfried hier

Das Rütelin, machtvoller Zepter aus dem Nibelungenhort, zeigt im Sehturm die Rezeptionsgeschichte des Nibelungenlieds in Hunderten von beleuchteten Bildern.

bestattet, ehe Kriemhild ihn laut Handschrift C nach Lorsch bringen ließ. In der südlichen Vorstadt, auf dem ehemaligen Meinardsfriedhof, gab es vor Hunderten von Jahren ein Hünengrab, in dem der gewaltige Held vermutet wurde. Kaiser Friedrich III. (1440–1493) ließ sogar dort nach den Gebeinen des „hornin Seyfried" graben, freilich ohne etwas Nennenswertes zu finden. Eine Nachbildung der Anlage ist seit einigen Jahren am Torturmplatz zu sehen. Dort befindet sich auch das Nibelungenmuseum, das 2001 eröffnet wurde und das wir unbedingt aufsuchen sollten.

Gehen wir also jetzt zurück zum Haus zur Münze, überqueren den Marktplatz und folgen der Petersstraße bis zur Stadtmauer. Dabei sehen wir auf der rechten Seite die romanische Hauswand, die aus der Entstehungszeit des Nibelungenlieds stammt, und ein Stück weiter auf der linken Seite die morgenländischen Türme der Pauluskirche.

Das **Nibelungenmuseum** nutzt die beiden gut erhaltenen mittelalterlichen Türme der Stadtmauer, den Torturm und den Bürgerturm sowie den dazwischen liegenden Wehrgang, um das Nibelungenlied auf verschiedenen Ebenen erlebbar zu machen. Im sogenannten Sehturm wird eine eindrucksvolle Bilderwelt entfaltet, die die Wirkungsgeschichte des Lieds bis in heutige Zeiten illustriert. Dabei kann man sich vom Dichter über Kopfhörer (Stimme: Mario Adorf) begleiten lassen. Im Wehrgang lässt sich die Entwicklung der Stadt in Bildern verfolgen. Im Hörturm kann man den mittelalterlichen Versen lauschen und Querverbindungen zu verwandten Epen herstellen. Vom Dach des Hörturms aus schweift der Blick über die „Nibelungenländer", in den Odenwald, nach Xanten und Isenland und in das Etzelreich Ungarn. Ein angegliederter Treppenturm birgt heute unterirdisch das vielfältig nutzbare Mythenlabor, in dem sich via Kurzfilme alles über Sagen und Mythen erfahren lässt.

Wer nicht ins Museum gehen will, sollte wenigstens einen Blick auf das bereits erwähnte **Grab Siegfrieds** werfen, das der Künstler Eichfelder als Land-Art Objekt nachgebaut hat, und sich anschauen, was die „Wächterin", ein Werk des heimischen Künstlers Horst Rettig,

Tipp

Abstecher zum Nibelungendenkmal

Vom Dom aus lässt sich in fünf Minuten auch das Nibelungendenkmal von Gustav Nonnenmacher aus dem Jahr 2003 erreichen, das in der Wilhelm-Leuschner-Straße / Einmündung Rathenaustraße einen Brunnen ziert. Der Künstler hat vor allem versucht herauszuarbeiten, dass das Nibelungenlied ein literarisches Werk ist.

Weitere Nibelungenmotive finden sich als Skulpturen am Fürstenbau des Bahnhofs oder auf den Glasfenstern im Haus zur Münze und im Ratssaal.

Das Nibelungendenkmal in der „KW" lässt die Gestalten aus dem Epos lebendig werden. Hier ist der Mord an Siegfried zu sehen.

Nibelungenmuseum Worms
Fischerpförtchen 10
67547 Worms
Tel. 06241/202120,
www.nibelungen-museum.de
Öffnungszeiten:
Di – Fr: 10 – 17 h,
Sa + So: 10 – 18 h
Eintritt:
Erwachsene: 5,50 €
Kinder + Jugendliche: 3,50 €

hütet: Es ist die auf 61 Metallscheiben gelaserte Abschrift des Nibelungenlieds Handschrift C, die in einer versiegelten Kunststoffröhre tief unter der Erde den größten Schatz von Worms bewahrt.

Noch aber haben wir das Wahrzeichen der Nibelungenstadt nicht getroffen, den Hagen, der 1905 von Johann Hirt im Auftrag von Cornelius Wilhelm von Heyl zu Herrnsheim für einen im Süden der Stadt geplanten Rosengarten geschaffen wurde. 1932 wurde der grimme Tronjer am Rheinufer auf den Sockel des städtischen Rheinkrans versetzt, von wo aus er nun Tag für Tag in die Fluten des Flusses wirft, was die Stadt Worms so gut gebrauchen könnte. In zwanzig Minuten (Ludwigstraße nach links, über die Rheinstraße zum Rheinufer) hat man das Denkmal erreicht. Wer sich den Fußmarsch sparen möchte, kann die Buslinie 410 nehmen und an der Haltestelle Naturfreundehaus oder Rheinpromenade aussteigen.

i

Nibelungen für Anfänger

Nachdem der starke Xantener Königssohn Siegfried den Drachen besiegt hat und Herr des unermesslichen Nibelungenschatzes samt Tarnkappe geworden ist, reitet er nach Worms an den Burgunderhof, um bei den Königen Gunther, Gernot und Giselher um die Hand ihrer Schwester Kriemhild anzuhalten. Er erhält sie als Lohn dafür, dass er im Schutz der Tarnkappe Brünhild, die unbezwingbare Königin von Isenland, im Dreikampf für Gunther besiegt. Bald wird in Worms Doppelhochzeit gefeiert. Brünhild aber ahnt, dass sie betrogen worden ist und entlarvt Gunther als Schwächling, indem sie ihn in der Hochzeitsnacht an einem Haken aufhängt. Erneut muss Siegfried mit der Tarnkappe einspringen. Er macht sie gefügig und nimmt ihr ihren Gürtel, das Symbol ihrer Kraft. Dummerweise überlässt er ihn Kriemhild.

Jahre nach der Hochzeit kommen Siegfried und Kriemhild wieder nach Worms. Dabei geraten die beiden Frauen in Streit über den Rang ihrer Ehemänner. Brünhild verlangt, dass Kriemhild nach ihr in den Dom geht. Da verrät Kriemhild das Geheimnis der Hochzeitsnacht und zeigt öffentlich den Gürtel vor. Derart gedemütigt, stiftet Brünhild Gunthers „Kanzler" und engen Vertrauten, Hagen von Tronje, zur Rache an Siegfried an. Kriemhild selbst verrät Hagen die einzige verwundbare Stelle Siegfrieds zwischen den Schulterblättern und dorthin stößt der Tronjer den Speer, als der Held bei einer Jagd im Odenwald an einer Quelle Wasser trinkt.

Kriemhild weiß, wer der Mörder ihres Mannes ist. Damit sie sich mit dem Nibelungenhort keine Freunde schaffen kann, wirft Hagen den Schatz in den Rhein. Jahre später nimmt Kriemhild den Heiratsantrag des Hunnenkönigs Etzel an, weil sie darin eine Chance sieht, den Tod Siegfrieds zu rächen. Sie lädt ihre Brüder zu sich ein, und sie machen sich auch trotz Hagens Warnung auf den Weg. Unterwegs weissagen drei Nixen an der Donau Hagen den Untergang der Burgunder, die der Dichter nun Nibelungen nennt. Zunächst schlagen mehrere Versuche Kriemhilds, Hagen zu ermorden, fehl, doch dann wird das ganze Heer aus Worms in einem schrecklichen Kampf besiegt. Auch jetzt noch weigern sich die Brüder, Hagen ans Messer zu liefern (Nibelungentreue). Schließlich greift Dietrich von Bern ins Geschehen ein und bringt Gunther und Hagen gefesselt zu Kriemhild. Um Hagen den Ort zu entlocken, an dem der Schatz liegt, lässt sie Gunther enthaupten, und als Hagen immer noch nicht sein Geheimnis preisgibt, schlägt sie ihm eigenhändig mit Siegfrieds Schwert den Kopf ab. Darauf hin wird sie selbst von Dietrichs Waffenmeister Hildebrand getötet.

6. Entlang der mittelalterlichen Stadtmauer

Neidturm, Scharfrichterturm und modernes Museum

Museum Andreasstift (Weckerlingplatz) – Christoffelturm (Willy-Brandt-Ring) – Wergers Schlösschen – römischer Mauerrest – Obermarkt – Lutheranlage – Herta-Mansbacher-Anlage – Große Fischerweide – Rheintorplatz mit Woogbrücke – Haspelgasse mit Mayfels – Bauhofgasse – Torturmplatz mit Fischerpförtchen

Als Kaiser Maximilian 1495 mit seiner Gemahlin Bianca Maria Sforza zum Reichstag nach Worms kam, wurde er mit höchsten Ehren am Rhein empfangen. Damals reichte die äußere Stadtmauer weit bis in den Norden der Stadt und schloss die Liebfrauenkirche mit ein. Östlich davon stand in früheren Zeiten der prächtigste und mit 34 Metern höchste Turm der gesamten Stadtbefestigung, das Neutor, das mit einem achteckigen Türmchen und einem hohen, gotischen Pyramidendach geschmückt war. Durch die „goldene Pforte" dieses Turms wurden hochrangige Gäste in die Stadt geleitet. Von dieser äußeren Stadtumwallung ist so gut wie nichts mehr erhalten, dafür ist die innere Stadtmauer immer noch sehenswert.

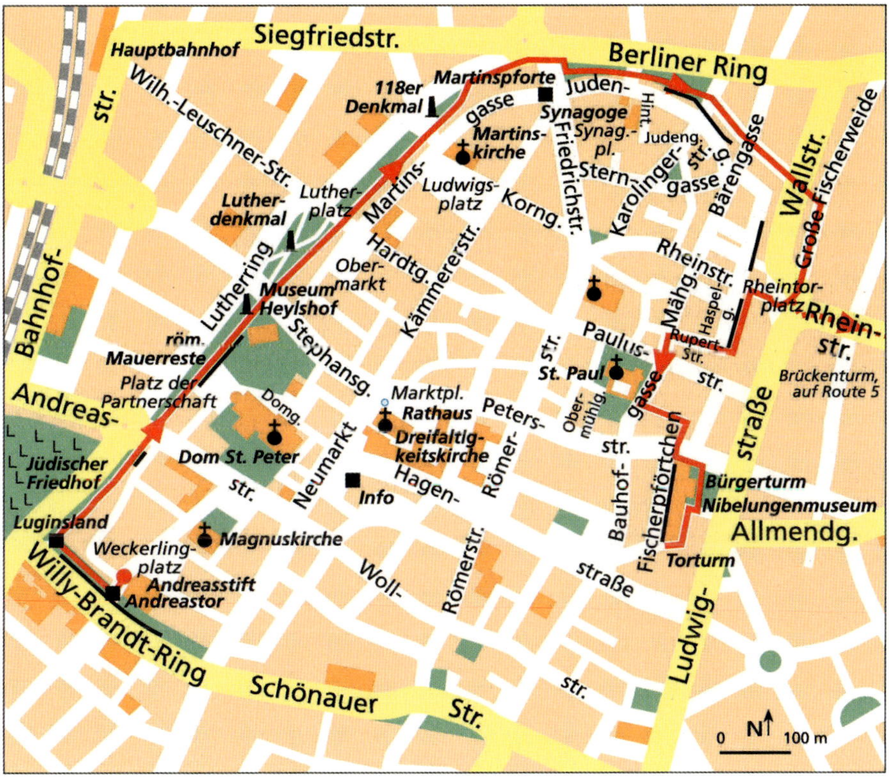

Start:
Städtisches Museum
Andreasstift
Weckerlingplatz 7

Länge:
2,5 km

Dauer:
1,5 – 2 Stunden

Anfahrt:
Auto: Parkhaus am Dom, Parkplatz Glaskopf

Tipp

Dieser Rundgang lässt sich sehr gut mit Kindern machen, in den Anlagen ist Gelegenheit zum Springen, es gibt auch immer mal wieder Spielgeräte, vor allem in der Nordanlage und am Torturmplatz.

Ausschnitt aus dem Stadtmodell im Museum: oben Mitte die Brücke über den Woog.

Museum der Stadt Worms im Andreasstift
Weckerlingplatz 7
67547 Worms
Öffnungszeiten:
Di – So: 10 – 17 h
Eintritt:
Erwachsene 2 €,
Jugendliche 1 €

Wir beginnen den Stadtmauerrundweg beim Stadtmodell im Erdgeschoss (Weißer Saal) des **Museums Andreasstift**.

Das Modell, bei dem die wichtigsten Gebäude auf Knopfdruck beleuchtet werden können, ist eine Rekonstruktion des mittelalterlichen Stadtbilds vor der Zerstörung durch die Franzosen 1689 im Pfälzischen Erbfolgekrieg. Vorlage war eine sehr präzise Darstellung des Schreinermeisters und Ratsherrn Peter Hamman, der eine Reihe von Zeichnungen des alten Worms angefertigt hatte, um beim Frieden von Rijswijk 1697 – vergeblich – von Frankreich Schadensersatz zu erhalten. Das Modell gibt einen hervorragenden Eindruck von der starken Befestigung der Kernstadt, die spätestens ab dem 13. Jahrhundert von einem starken Mauerring mit 27 Türmen und einem Graben umgeben war. Dicht vor der Stadt gab es aber schon damals mehrere Ansiedlungen wie die Fischerhäuser am Gießen – das war ein Rheinarm – und kleine „Vorstädte" im Norden, Westen und Süden. Sie waren nur leicht geschützt mit Gräben, Erdwällen und Palisaden. Mit der Ausdehnung der Stadt im 14. Jahrhundert kam es zu wehrtechnischen „Eingemeindungen". Dabei wurden auch die Liebfrauenkirche im Nordosten und der Judenfriedhof im Südwesten in die neu umfriedete Stadt eingegliedert. Etwa gleichzeitig mit dem Bau der äußeren Mauer wurde auch die innere Mauer verstärkt und so die Kernstadt zu einer regelrechten Fluchtburg ausgebaut.

In einer nächsten Bauphase, die sich unmittelbar anschloss, wurde die Stadt auf Artillerieverteidigung nachgerüstet. Die strategisch wichtigsten Punkte, vor allem die Tore, wurden mit Bastionen versehen, den sogenannten Wolfsgräben, insgesamt elf Stück.

Trotz dieser enormen Schutzmauern versuchte die Stadt, Belagerungen durch Verhandlungen zu vermeiden. Das gelang ihr mehrfach, nicht aber 1689, als die Truppen Ludwigs XIV. sich unter Vorspiegelung falscher Tatsachen Einlass in die Stadt verschafften. Nach Evakuierung der Bevölkerung sprengten die Franzosen zunächst die Türme und Mauern der äußeren Wehranlage, dann wurden die Mauern und Türme des inneren Rings niedergelegt. Nur neun Türme der Rheinfront blieben verschont. Am 31. Mai ging die gesamte Stadt in Flammen auf. Als die Franzosen knapp hundert Jahre später wieder kamen, verlor das jahrhundertealte Festungswerk endgültig seine Funktion. Zum Teil wurde es niedergerissen, zum Teil an Interessenten verkauft.

Der **Christoffelturm**, dessen später aufgestockte Reste jetzt Teil des Museums sind, gehörte zur Stadt-

Der Christoffelturm ist heute Teil des Museums Andreasstift und beherbergt unter anderem das Zimmer, das Luther gewidmet ist.

mauer. Wenn wir das Museum verlassen und in Richtung Süden durch das Andreastor gehen, stehen wir im alten Stadtmauergraben, der heute als blühende Anlage zum Flanieren und Ausruhen einlädt. Dieser Teil der Mauer ist längst nicht so hoch wie im Osten, doch war der Graben ehemals sehr tief und mit Wasser, im Westen mit Aas und Unrat gefüllt, sodass er einen wirksamen Schutz bot. Es lohnt sich einen Blick auf die Außenwand des Christoffelturms zu werfen, in der mehrere interessante Spolien vermauert sind.

Wenden wir uns jetzt in Richtung Westen, so liegt der alte Judenfriedhof „Heiliger Sand" in unserem Blickfeld. Nur dort ist heute noch die Topografie der äußeren Befestigungsanlage erkennbar: Seit Beginn des 18. Jahrhunderts wurden die Reste des Walles zur Erweiterung des Friedhofs genutzt. Die dahinter liegende Bahnlinie gehörte zum äußeren Stadtgraben.

An der Südwestecke des ehemaligen inneren Mauerrings bewundern wir die elegante gründerzeitliche Villa (**Wergers Schlösschen**, 1890 erbaut, vereinfachter Wiederaufbau in den 1950er Jahren), die an den ehemals 33 Meter hohen Eckturm, den Luginsland, erinnert, in dem 1235 Heinrich VII. gefangen lag, während sein Vater, Friedrich II., nicht weit davon im Dom mit Isabella von England prunkvoll Hochzeit hielt. Ergänzt wird das

Wergers Schlösschen erinnert an den Luginsland. Davor steht der schöne Brunnen nach Entwürfen von Richard Stumm.

Der Gang entlang der Stadtmauer bietet immer wieder reizvolle Perspektiven.

Tipp

- Restaurant Martinspforte

Martinspforte 7
67547 Worms
Tel. 06241/920900
Öffnungszeiten:
Mo – So: ab 17 h
So + Fei: 11.30 – 14, ab 17 h

Die nördliche Stadtmaueranlage mit Blick auf den Scharfrichterturm.

hübsche Ensemble durch einen schönen Brunnen nach Entwürfen des Wormser Malers Richard Stumm.

An der Mauer entlang oder durch die Anlage wandern wir weiter, überqueren die Andreasstraße und passieren den Dom. Das Doppelportal, das zum Platz der Partnerschaft führt und einen Blick auf den besonders fotogenen Teil des Gotteshauses zulässt, ist wie das Andreastor kein althistorischer Mauerschlupf, sondern wurde erst in den 30er Jahren des 20. Jahrhunderts in die Mauer gebrochen. Wenige Schritte weiter stehen wir vor dem **ältesten Teil der Stadtmauer**, der noch aus römischer Zeit (etwa 300 n. Chr.) stammt. Das römische Oppidum war allerdings nicht von einer Befestigung umgeben. Die erste Stadtmauer stammt vermutlich aus der Zeit Bischof Thietlachs um 900. Die Mauerreste vor uns waren wohl ursprünglich Wand eines römischen Gebäudes, vielleicht eines Tempels, denn hier darf das Forum vermutet werden. Einige Meter weiter links ragt der Stummel des Neidturms empor, mit dem es eine kuriose Bewandtnis hat. Die Bürger erbauten ihn 1424 an der Grabenböschung, um einen Blick in den Garten und Palast des ungeliebten Stadtherren, des Bischofs, werfen zu können. Heute kann man den hinter der Mauer liegenden Park, der zum Museum Heylshof gehört, jederzeit besuchen.

Über die Stephansgasse hinweg erkennen wir jetzt schon auf der linken Seite das Lutherdenkmal, das 1868 – quasi außerhalb der Stadt – errichtet wurde. Wo sich am Lutherplatz die Häuserfront großzügig zum **Obermarkt** öffnet, erinnert eine Bronzeplatte im Boden daran, dass hier bis 1689 die Neupforte mit hoch aufragenden, zinnenbekrönten Türmen und Türmchen die Ankömmlinge von Westen begrüßte. Reste der Fundamente sind noch im Pflaster erkennbar.

Wenn wir der **Lutheranlage** weiter folgen, sehen wir immer mal wieder Teile der Stadtmauer aufblitzen, die hier nur noch rudimentär vorhanden ist. Beim Überqueren der Friedrichsstraße sehen wir rechts die hohe, reich verzierte Martinspforte, ehemals das nördliche Stadttor. Im Pfälzischen Erbfolgekrieg zerstört, erstand sie 1904, um einige Meter Richtung Innenstadt versetzt, wieder als attraktive Eckfassade eines Wohn- und Geschäftshauses.

In der **Herta-Mansbacher-Anlage** treffen wir auf die Reste des alten Ziegelturms, und ein paar Schritte weiter haben wir von den brüstungshohen Überresten des Henker- oder Folterturms aus einen Blick auf die Stadtmauer en miniature, die vor Jahren von einer Jugendgruppe nachgebaut wurde. Noch relativ gut erhalten

Die Nordanlage gehört zu den besterhaltenen Teilen der Stadtmauer.

Tipp

Bojemääschterei
Wer Gelegenheit dazu hat, sollte einen Besuch der winzigen Bojemääschterei (Bürgermeisterei) nicht versäumen. Interessante Fotos mit Schiffen und Fischerwääder Originalen, Gerätschaften und Netze sind ausgestellt. Es gibt Informationen über den Artenreichtum der Rheinfische und Einblicke in die strengen Statuten früherer Zeiten.

Bojemääschterei
Große Fischerweide
67547 Worms
Besichtigung nur nach Vereinbarung:
Fischerwääder Verein zur Brauchtumspflege e.V.
Ansprechpartner:
„Bojemääschter"
Markus Trapp
Tel. 06241/5933383

ist der Scharfrichterturm neben dem Raschitor, das wie das Andreastor zu Anfang des 20. Jahrhunderts durchbrochen wurde, um den Verkehrsfluss zu verbessern. Der Turm, ehemals 22 Meter hoch, wurde nach der Sprengung 1689 nur noch bis zur Höhe des Wehrgangs aufgebaut. Dabei weist die der Stadt zugewandte Seite noch das originale mittelalterliche Mauerwerk auf. Schon seit langem harrt der Turm einer ansprechenden Verwendung. Bei besonderen Anlässen, etwa am Tag des offenen Denkmals, kann man ihn besteigen, von hier aus den Wehrgang beschreiten und in die verwinkelten Dachaufbauten der Judengasse schauen. Dabei kann man sehr gut erkennen, dass der Gang zum Teil durch die Häuser verlief.

i

Brauchtum mit 900-jährigen Wurzeln
Auch wenn heute keine Fischer mehr in dem urigen Viertel leben, das sich auf der anderen Seite der Rheinstraße fortsetzt, so spielt der Fischerwääder Gemeinderat mit Bojemääschter und Backfischbraut heute noch in der Brauchtumspflege eine wichtige Rolle, vor allem beim beliebten Wormser Backfischfest. Da übergibt der Oberbürgermeister alljährlich in einer lustigen Zeremonie die Stadtschlüssel an seinen „Kollegen" aus der Fischerzunft; es wird Fischerwääder Kerb gefeiert und vieles mehr. Die kleinen, oft liebevoll restaurierten Häuschen tragen allerlei Embleme, die auf alte Traditionen hinweisen, und vielerorts findet man das hübsche Zunftzeichen der Fischer.

Gehen wir durchs Raschitor zurück, an der imposanten Mauer der Nordanlage entlang, und machen einen kleinen Abstecher in die **Große Fischerweide**. Dazu überqueren wir die Wallstraße und gelangen durch ein namenloses Gässchen in die von den Wormsern sogenannte „Fischerwääd". Die kleine Fischersiedlung war – wie bereits erwähnt – in früheren Zeiten eine Insel, umflossen vom Gießen, einem Nebenarm des Rheins,

In der Haspelgasse bildet die Stadtmauer die vierte Wand der Häuser. Auf der Rückseite lassen sich verschiedene baugeschichtliche Phasen nachvollziehen.

und dem breiten Woog, unter dem man sich wohl den gestauten Stadtbach vorzustellen hat. Die Wormser Fischerzunft, eine der ältesten Fischervereinigungen Deutschlands überhaupt, wurde 1106 in einer Fischmarktordnung erstmals erwähnt.

Der **Rheintorplatz** am Ende der Fischerweide erinnert daran, dass gegenüber, am Ende der Rheinstraße, einst das prächtige Rheintor stand, der wichtigste Stadtausgang zum Rhein. Wollte man zum Fluss gelangen, musste man erst die Woogbrücke überqueren und später noch einmal die Gießenbrücke, an die noch heute eine gleichnamige Gaststätte erinnert. Dem Rheintor wie auch den anderen bedeutenden Stadttoren war ein Schanzwerk vorgebaut, das eine optimale Verteidigung ermöglichte. Reste des Rheintors sind noch im Keller eines Hauses in der Rheinstraße zu sehen. Bei den letzten Straßenbaumaßnahmen 2009 wurde auch die barocke Woogbrücke wiederentdeckt und in einen eigens geschaffenen Platz integriert, um die ursprüngliche Situation sichtbar zu machen.

Wir gehen durch die Rheinstraße, die seit einiger Zeit auch zwei schicke Weinstuben vorhält, wieder in die Altstadt hinein. Rechts, in der Rheintorgasse, eröffnet sich ein Blick auf die Stadtmauer mit gut erhaltenem Wehrgang. Wir halten uns aber links und biegen in die

Die Haspelgasse mit Blick auf den Wohnturm, der den ehemaligen Mayfels nachempfindet.

Haspelgasse ein, denn die Häuserreihe auf der linken Seite hat eine Rarität zu bieten: Ihre Rückfront wird von der alten Stadtmauer gebildet. Zwei wichtige Bauphasen der Stadtbefestigung lassen sich hier ablesen: Unten erkennt man die zinnenbewehrte Staufermauer aus der Zeit um 1220, darüber ihren Ausbau mit einem gedeckten Wehrgang aus der Umbauperiode um 1350. Als die Mauer im 18. Jahrhundert ihre Wehrfunktion verloren hatte, durften arme Bürger ihre Behausungen aus Trümmerschutt in die Bogenlaibungen bauen. Die Häuschen hatten eine Tiefe von gerade mal vier Metern. Seit der Sanierung vor einigen Jahren bieten sie nun den gängigen modernen Komfort.

Der Wohnturm am Ende dieses Mauerstücks ist in Grundriss und Höhe dem älteren Rheintor, dem Mayfels, nachempfunden.

Der älteste Stadtmauerteil, freigelegt östlich der Pauluskirche.

Ursprünglich, im 10. Jahrhundert, lag die Stadtmauer sehr viel weiter stadteinwärts. Wenn wir einige Schritte durch die St.-Rupert-Straße zur **Bauhofgasse** gehen, stoßen wir auf die Rückseite des Paulusklosters und finden dort in einem freigelegten Graben den ältesten Teil der mittelalterlichen Stadtmauer vor. Hier hat man sich ihren ursprünglichen Verlauf vorzustellen, vermutlich auf der Begrenzungsmauer des alten Römerkastells.

Der Stadtmauerdurchbruch in der Petersstraße stammt aus dem 20. Jahrhundert.

Gehen wir nun aber durch die Lindwurmgasse wieder zur stauferzeitlichen Stadtmauer zurück. Um 1200, als die Stadt durch ihre verkehrsgünstige Lage und ihre besondere Beziehung zu den Kaisern zu Bedeutung und Wohlstand gekommen war, wurde die Mauer ganze 80 Meter weiter nach vorne in Richtung Hafen versetzt, mitten hinein in das sumpfige Rheinvorland. Die neue Mauerfront wurde nicht nur nach fortifikatorischen Gesichtspunkten gebaut, sondern als repräsentative Schaufront mit elf Türmen und zwei prächtigen Toren, jeweils mit seitlichen Schlupfpförtchen. Einen guten Eindruck von der Imposanz und Qualität dieses Bauwerks erhält man, wenn man auf dem Torturmplatz steht. Erhalten ist heute noch das Turmpaar Torturm und Bürgerturm mit dem dazwischen liegenden Fischerpförtchen, das die Wormser gerne als Lutherpförtchen bezeichnen, obwohl Luther nicht durch dieses Tor die Stadt verlassen hat. Die Türme, die seit 1990 durch ein

Nibelungenmuseum Worms
Fischerpförtchen 10
67547 Worms
Tel. 06241/202120
www.nibelungenmuseum.de
Öffnungszeiten:
Di – Fr: 10 – 17 h,
Sa + So: 10 – 18 h
Eintritt:
Erwachsene 5,50 €
Kinder, Jugendliche 3,50 €

Tipp

Dem Mainzer Tor nachempfunden: der Brückenturm
Das restliche Teilstück der Stadtmauer ist im Krieg vollständig zerstört worden, die Fundamente liegen unter der Neubebauung. Wer mag, kann deshalb im Museum eine Tasse Kaffee trinken oder besucht noch ein weiteres Stück Worms, das eigentlich zur Stadtmauer gehört, den Brückenturm. Er ist eine Nachbildung des Mainzer Tors, das in der heutigen Mainzer Straße, Höhe Pfortenring stand. Um 1900 wurde er von dem Wormser Stadtbaumeister Karl Hofmann nach Zeichnungen von Peter Hamann entworfen und nachgebaut.
(Weglänge Torturmplatz – Brückenturm ca. 1,2 km, Parkmöglichkeiten am Rheinufer)

Ausflug an die Bergstraße
Wenn man schon mal auf der Brücke ist, lohnt ein Ausflug nach Lampertheim-Hofheim zur Balthasar-Neumann-Kirche oder zum Weltkulturerbe Kloster Lorsch. Naturliebhaber genießen die Rheinauen, unter anderem das Naturschutzgebiet Biedensand bei Lampertheim oder machen sich auf an die landschaftliche reizvolle Bergstraße oder in den Odenwald.

Der Brückenturm grüßt die Besucher aus dem Hessischen.

ursprünglich nicht vorhandenes Walmdach geschützt werden, beherbergen heute das Nibelungenmuseum (vgl. Tour Nr. 5, S. 49ff). Ihr rheinseitiges Aussehen ist geprägt durch die kräftig bossierten Stützpfeiler und schmalen Schießscharten. Einziger Schmuck des **Torturms** ist eine Flachnische, in der sich noch Vorrichtungen für ein Fallgatter befinden. Zur Stadtseite hin haben die Türme große, spitzbogige Fenster und sind durch einen Wehrgang verbunden, der heute Bestandteil des Nibelungenmuseums ist.

7. Die Milch unserer lieben Frauen

Von der Traube zum Wein in der Hauptstadt des Wonnegaus

Liebfrauenkirche – Remeyerhofstraße durch die Weinberge – Judengasse – Martinstor – Winzerbrunnen (Kämmererstraße) – Schicksalsrad (Obermarkt) – Dreifaltigkeitskirche – Siegfriedstein – Weingut Valckenberg (Weckerlingplatz).

Worms liegt am Rand des Rheinhessischen Hügellands, umgeben von nicht enden wollenden Rebenhügeln und stattlichen Weinbau treibenden Gemeinden. Bereits mit den Römern kam der Wein in die Region und erlebt seither eine anhaltende Blüte. Über Jahrhunderte sorgsam kultiviert, hat er sich in den letzten Jahrzehnten dank der Fantasie und der Sorgfalt kreativer Winzer zu einem Spitzenprodukt entwickelt. Bei zahllosen Veranstaltungen vom Traubenblütenfest über Weinwanderungen und Weinfeste bis hin zu den Kerwen im Spätjahr steht das edle Getränk im Mittelpunkt.

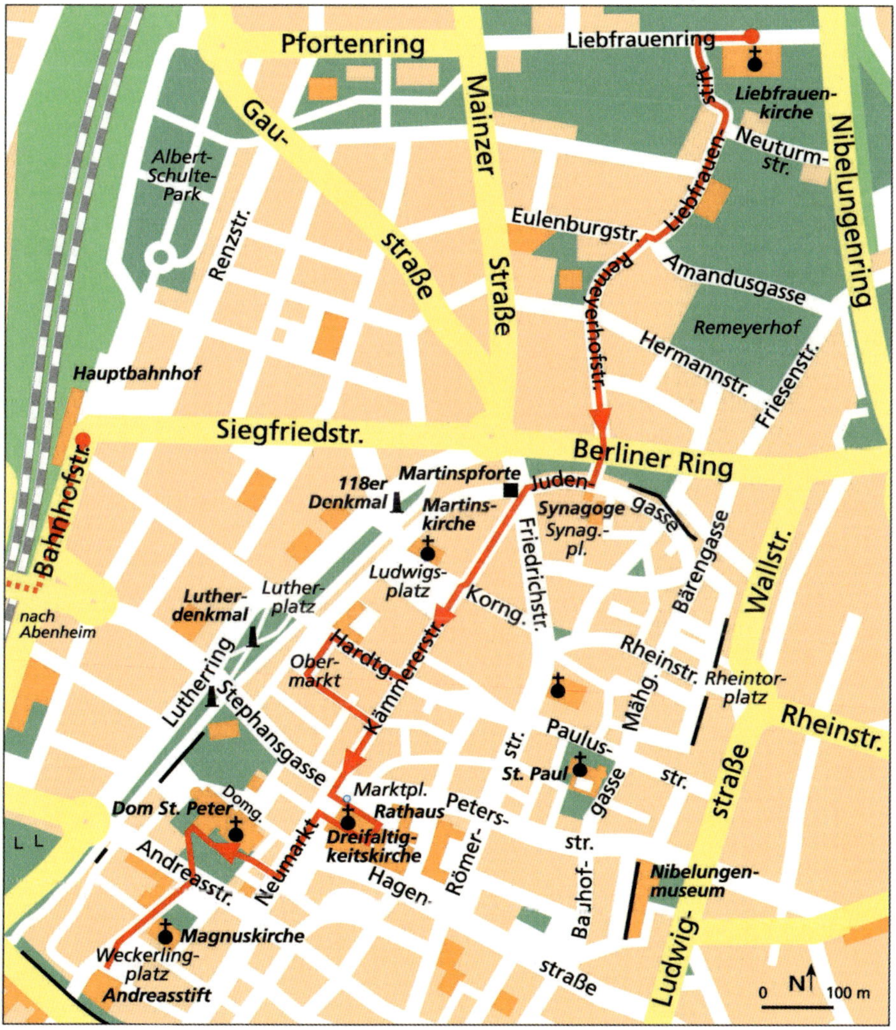

Der Wein verträgt sich bestens mit Brauchtum, gesellt sich gern zum heimischen Dialekt, schlürft sich süffig zu Klassik und Jazz und adelt jeden Empfang. Er wird bedichtet und besungen, in Sachbüchern aller Art fachkundig und liebevoll gewürdigt und von den charmantesten Frauen, den zahlreichen Weinköniginnen und Weinprinzessinnen, präsentiert.
Dank einiger prominenter Weinstadtteile ist Worms eine der größten Weinstädte der Bundesrepublik, aber man muss nicht unbedingt nach Herrnsheim, Abenheim, Horchheim und Pfeddersheim oder in andere Vororte fahren oder wandern, um dem Wormser Wein zu begegnen. Nein, er wächst mitten in der Stadt, rings um die Liebfrauenkirche. Die ehemalige Liebfrauenmilch, seit 1971 offiziell „Liebfrauenstift Kirchenstück", hat Weltruf.

Start:
Liebfrauenkirche, Liebfrauenstift

Länge:
1,6 km

Dauer:
1 Stunde (+ Rückweg zur Liebfrauenkirche 20 Minuten)

Anfahrt:
Auto: Parkmöglichkeiten rings um die Liebfrauenkirche
ÖPNV: Bus Linien 406 und 411, Haltestelle Mainzer Straße

Das Bogenfeld über dem Portal der Liebfrauenkirche zeigt Tod und Krönung Mariens.

Wir beginnen also unseren Gang bei der **Liebfrauenkirche** im Norden der Stadt.

An der Stelle des heutigen gotischen Gotteshauses stand wohl schon in früher Zeit eine Marienkirche. Nachdem der Wormser Bischof Emicho 1298 hier ein Liebfrauenstift gegründet hatte, begann er mit dem Bau einer imposanten Wallfahrtskirche, die als Marienheiligtum im Mittelalter zu den großen Wallfahrtszielen gehörte und in einem Atemzug mit Rom, Santiago de Compostela und Aachen genannt wurde. Es ist die einzige gotische Kirche in Worms, eine dreischiffige Basilika mit Doppelturmfassade, Querhaus und Turmumgang. Bemerkenswert ist das figurengeschmückte Eingangsportal, das im Tympanon Tod und Krönung Mariens darstellt, umgeben von den klugen und törichten Jungfrauen in den Archivolten. Auch das Innere der Kirche, die 1468 fertiggestellt wurde, ist sehenswert, wenn auch meistens nur der Vorraum zugänglich ist. Neben dem Gnadenbild der Muttergottes, das aus der Zeit um 1260 stammt, und der Valentinusreliquie im Valentinsaltar verdient das qualitätvolle Heilige Grab von 1470 neben dem Haupteingang Aufmerksamkeit. Das schöne Chorgestühl des Meisters Christoph Franck und die Barockorgel sind Zeugnisse jüngerer Umgestaltungen. Der prächtige Fensterzyklus von Alois Plum, der nach mittelalterlichem Vorbild die Geschichte Gottes mit den Menschen erzählt, wurde 1978 geschaffen. Bei Sonnenlicht tauchen die glühenden Farben den ganzen Kirchenraum in ein mystisch-meditatives Licht.

Die Liebfrauenkirche hat wie die meisten anderen Wormser Gotteshäuser eine bewegte Geschichte. Sie brannte aus, stürzte ein und diente nach der Säkularisierung vorübergehend als Scheune. Grundlegend restauriert und damit vor dem Verfall gerettet wurde die Kirche unter Pfarrer Nikolaus Reuß in den Jahren 1860 bis 1868. Belastungen durch den Zweiten Weltkrieg und die Erschütterungen des zunehmenden Verkehrs

Die gotische Liebfrauenkirche liegt inmitten von Weinbergen. Die Muttergottes hat dem Wein, der hier seit Jahrhunderten angebaut wird, seinen Namen gegeben.

im Umfeld der Kirche machten in den 1970er Jahren und heute erneut Restaurierungsarbeiten erforderlich. Durch die neue Farbgebung in warmem Oxidrot, das dem gotischen Originalbefund entspricht, wuchsen Türme und Schiff wieder zu einer harmonischen Einheit zusammen.

Wo heute der Blick über die Rebenreihen der Liebfrauenmilch schweift, war früher ein ausgedehnter sakraler Bezirk. Neben dem Liebfrauenstift gab es eine Jodokuskapelle, ein Kapuzinerkloster und die Amanduskirche mit romanischer Krypta. Nur zu besonderen Anlässen kann man heute die Schutzmantelmadonna (15. Jahrhundert) sehen, die in einer kleinen Kapelle auf dem Anwesen der Familie Valckenberg (heute Steifensand) steht und liebevoll ihren Mantel über ihre Schutzbefohlenen ausbreitet.

Die frühesten Zeugnisse über die „berühmte Lieben Frauen Milch zu Worms", die wegen des mineralhaltigen Bodens aus Rheinschwemmland eine ganz außergewöhnliche Qualität besitzt, datieren aus dem Jahr 1687, doch sicher wurde hier schon sehr viel früher Wein angebaut.

Wie auch immer: In der Napoleonzeit, 1808, als alle

Liebfrauenkirche
Liebfrauenstift
Kontakt:
Pfarrbüro Liebfrauen
Liebfrauenring 21
67547 Worms
Tel. 06241/44267
www.liebfrauen-worms.de
Öffnungszeiten:
täglich 9 – 18 h bis zur Gitterschranke, sonst nach Absprache
Führungen „Gotik im Wingert" werden an jedem 4. Sonntag im Monat um 14 h angeboten.

Wie die Liebfrauenmilch ihren Namen bekam

Die Legende erzählt, dass einst in Worms ein frommer Edelmann lebte, der viel Gutes für die Armen tat. Das ärgerte den Teufel, und er versuchte den Ritter und versprach, ihm einen Weinberg mit unübertrefflichem Wein zu schenken, wenn er dafür seine Seele bekäme. Der Edelmann, der ein großer Weinliebhaber war, schlug ein, und über Nacht wuchsen tatsächlich Reben empor, die einen Wein ergaben, wie er ihn noch nie getrunken hatte. Doch zum Entsetzen des Teufels nannte er den köstlichen Rebensaft aus Verehrung für die Muttergottes „Liebfrauenmilch", sodass der Böse unverrichteter Dinge zur Hölle fahren musste.

Das Tor mit dem heiligen Amandus erinnert an die Kirche, die hier früher gestanden hat.

Kirchengüter versteigert wurden, erwarb Bürgermeister Peter Joseph Valckenberg die achtzehn Hektar rund um die Kirche und verhalf dem Tröpfchen, das hier wächst, zu Weltruhm. Der „Madonnawein" aus dem Liebfrauenstift Kirchenstück ist so berühmt, dass er sogar im britischen und schwedischen Königshaus getrunken wird und auch bei den Japanern und Australiern sehr beliebt ist.

Wir gehen von der Liebfrauenkirche aus in Richtung Stadt, vorbei am übrig gebliebenen Tor der St.-Amandus-Kirche zur Linken, immer wieder mit Blick auf die Reben. Wo die Straße eine Biegung zur Eulenburgstraße macht, lassen wir die Hochhäuser in der Amandusstraße links liegen und wenden uns zur **Remeyerhofstraße**. Dabei kommen wir auch an einem reizvollen Barockhaus vorüber, das mit einer Tafel an den „Frei-Adlig Remeyer-Hof 1700" erinnert. Die Remeyer hießen eigentlich Remigier und waren Angehörige des Remigiusordens. Bereits 1207 gab es hier eine Remigiuskirche.

Wir überqueren den Berliner Ring, halten uns rechts und folgen der Stadtmauer durch die **Herta-Mansbacher-Anlage**. Wer möchte, kann auch parallel dazu durch die gepflasterte **Judengasse** gehen, deren Häuser meist über große Gewölbekeller in Stollenform verfügten. Einige solcher Keller befinden sich noch in den Häusern „Zur Sonne", im „Schwarzen Bären", im „Hufeisen" und zum „Weißen Löwen". Die Juden lagerten früher darin Wein und Handelswaren. Ein Visitationsbericht von 1610 belegt, dass sie nicht nur mit Wein handelten, sondern auch Wein kelterten und Schnaps brannten. Wie solch ein Keller ausgesehen hat, kann man im Jüdischen Museum im Raschihaus sehen.

Am Ende der unteren Kämmererstraße blitzen Turm und Erker der Martinspforte hervor.

Ob Anlage, ob Judengasse, am Ende von beiden liegt links vor uns die **Martinspforte**, die Nachempfindung eines ehemaligen Stadttores aus dem Jahr 1904, das nicht uninteressant für Weinliebhaber ist. Seit einigen Jahren befindet sich dort nämlich ein originelles Restaurant mit angegliedertem Laden, in dem Produkte

Auch oberhalb der Bergkirche in Hochheim wächst Wein.

der Region, vor allem natürlich gute Weine, verkauft werden.

Die untere Kämmererstraße hat noch die Behaglichkeit früherer Zeiten bewahrt. Eng stehen die Häuser beieinander, und viele Fassaden besitzen einen ganz besonderen Charme. Kleine, originelle Geschäfte und gastronomische Betriebe laden zum Verweilen ein. Zum Ludwigsplatz hin, ehemals begrünter Paradeplatz der Stadt, erweitert sich die Gasse zur Kämmererstraße, die ebenfalls Fußgängerzone und Haupteinkaufsstraße der Stadt ist. Wir werfen einen Blick auf das Ludwigsdenkmal, einen Obelisken, entworfen von Stadtbaumeister Karl Hofmann, den die Stadt 1895 ihrem „Gönner und Förderer" Großherzog Ludwig IV. insbesondere für seine militärischen Leistungen im Krieg 1870/1871 gewidmet hat. An der Ecke zur Unteren Kämmererstraße fällt das hübsche Barockhaus (18. Jh.) in freundlichem Gelb-Weiß ins Auge. Markantes Gebäude auf der linken Seite ist der schön renovierte Wambolder Hof aus dem Jahr 1720, dem sich die neue Kaiserpassage durchaus stilvoll angepasst hat.

An der Kreuzung der Fußgängerzone Kämmererstraße/RömischerKaiser/Hardtgasse stoßen wir auf den **Winzerbrunnen**, eine Stiftung der Interessengemeinschaft Wonnegauer Winzerkeller, der von dem Wormser

Detail eines Jugendstilhauses. Vor der Bombardierung im Krieg war die Kämmererstraße gesäumt von eleganten gründerzeitlichen Geschäftshäusern.

Die Namensgeberin der Liebfrauenmilch ist nicht nur auf dem Winzerbrunnen verewigt ...

Tipp

- Weinhaus Weis

Färbergasse 19
67547 Worms
Tel. 06241/23500
www.weinhausweis.de
Öffnungszeiten:
Mo – Fr: 15.30 – 24 h
Sa: 9.30 – 14 h
Traditionslokal mit regionalen Weinen und Essen: Blutwurst mit Ei, Handkäs mit Musik, strammer Max etc.

... sondern auch auf dem Schicksalsrad.

Künstler Gustav Nonnenmacher 1983 geschaffen wurde. Der Brunnen zeigt eindrucksvoll die zweitausendjährige Geschichte des Weinbaus. Am Anfang steht Urvater Noah, der im Rausch bekanntlich seine Blöße nicht bedeckte, später sieht man Kaleb und seine Leute mit dicken Traubenhenkeln aus Kanaan zurückkehren. Sie hatten das „Land, wo Milch und Honig fließt" entdeckt. Ob Dionysos oder Bacchus – wie Griechen und Römer ihren Gott des Weines nannten – die Traube übers Meer zu uns brachten? In der gesamten Antike spielte der Wein eine große Rolle, wobei er durchaus auch eine kritische Würdigung erfuhr. Sokrates hat, wie auf dem Winzerbrunnen zu lesen ist, gesagt: „Die sich dem Trunke ergeben, sind Esel", und neben dem zustimmend nickenden Langohr ist die Wirkung des Weins humorvoll dargestellt. Ein Glas macht fröhlich, das zweite geschwätzig, das dritte weinerlich und das vierte ist eindeutig zu viel. Das tanzende Paar und die fröhlichen Leute bei Backfischfest und Fastnacht sind Ausdruck der Lebensfreude, die der rechte Genuss des Weines mit sich bringt. Bis das edle Getränk im Fass ist, bedarf es vieler Mühen. Die Stare stürzen sich in Scharen auf die süßen Perkel, die Reblaus wütet, und der atomare Regen, versinnbildlicht durch die schmelzende Bronze, bedroht das Gewächs. Bleibt dem Winzer nur, den heiligen Urban anzurufen, der als Schutzherr der Reben gilt, oder die Jungfrau Maria, deren Milch die Lieblichkeit des Weines besitzt. Doch endlich ist es geschafft. Es folgt die Lese, das Keltern und Abfüllen. Bald gibt es den ersten neuen Wein!

Gustav Nonnenmacher hat die Freuden des Weins auch auf seinem **Schicksalsrad am Obermarkt** dargestellt, das von hier aus in zwei Minuten zu erreichen ist. Auf der Südseite der Brunnenskulptur sehen wir die Madonna mit der Liebfrauenmilch, und auch die Feste im Jahresablauf sind dargestellt, die immer wieder Anlass geben, ein Gläschen zu trinken.

Wir überqueren den Platz nach Süden und bummeln durch die kleine Hafergasse, eine der wenigen Gassen, die nach dem Wiederaufbau nach 1945 nicht verändert wurde. Wenn wir auf die Kämmererstraße zugehen, fällt unser Blick auf das Jugendstilhaus neben dem Kaufhof, das einen kleinen Geschmack davon gibt, wie es hier früher einmal ausgesehen hat.

Vor dem Zweiten Weltkrieg standen in der Kämmererstraße viele stattliche, meist jüdische Geschäftshäuser, die sich hinzogen bis zum Dom. Beim Bombardement von Worms wurde die ganze Pracht zerstört. Auch die **Dreifaltigkeitskirche** am Marktplatz, das dahinter liegende Rathaus sowie das Cornelianum, der Fest- und Saalbau für die Wormser Bürgerschaft, 1910 von dem Lederindustriellen Cornelius Wilhelm von Heyl zu Herrnsheim gestiftet, wurden ein Opfer des Feuersturms. Das heutige Rathaus mit dem kleinen Türmchen und der schönen astronomischen Uhr, das wir bei unserem Gang zum Marktplatz jetzt erreichen, wurde 1958 gebaut und bildet ein gelungenes Ensemble mit dem ehemaligen Bürgerhof und dem alten repräsentativen Gebäudetrakt entlang der Hagenstraße.

Das Thema Wein begegnet uns hier an der Dreifaltigkeitskirche. Auf dem Nordostportal, das nach dem Wiederaufbau nach dem Zweiten Weltkrieg von Ulrich Henn geschaffen wurde, ist unter anderem das Gleichnis von den Arbeitern im Weinberg in einer qualitätvollen Ausführung zu sehen. Die einen schuften den ganzen Tag über hart, während die Letzten gerade mal eine Stunde lang Trauben lesen. Dennoch wird ihnen der gleiche Lohn zuteil. Eine Geschichte, die immer wieder zum Nachdenken anregt! (vgl. Tour Nr. 4, S. 38ff)

Überqueren wir nun den Neumarkt und machen uns auf den Weg zum Dom. An der Südseite vorbei gelangen wir über eine Treppe auf das Gelände des ehemaligen Kreuzgangs und zum dahinter liegenden Platz der Partnerschaft. Hier stoßen wir auf den **Siegfriedstein**.

Im Weinladen der Kellerei Valckenberg kann man die besten Wormser Tropfen probieren.

Tipp

Wunderschöne Weinstraße

Wer sich länger in Worms aufhält, sollte unbedingt einen Ausflug zur Deutschen Weinstraße machen, die in Bockenheim beginnt. Nicht weit von der Nibelungenstadt entfernt, liegt das malerische Freinsheim mit seiner historischen Stadtmauer oder Bad Dürkheim mit dem Riesenfass und den Wanderwegen zur Limburg und Hardenburg. Auch Deidesheim, Neustadt und dazwischen viele schöne Weindörfer mit erlesener Gastronomie sind eine Reise wert.

Der Siegfriedstein.

Tipp

Wandern auf dem Abenheimer Skulpturenweg
Auf Initiative des Heimatvereins versucht man, die Wingertständer, auf denen sich früher Wingertschützen postierten, um die Stare zu vertreiben, zu Kunstwerken umzugestalten. Bisher gibt es die üppige Wonnefrau von Eckhard Schembs (eine Anspielung auf den Namen des Wormser Umlandes, die Region Wonnegau) sowie einen überdimensionalen Star von Detlef Rohrbach sowie die grazilen Turmspringerinnen von Andreas Herlmling. Auf dem Weg befindet sich auch der Bildstock des heiligen Kilian, den Gustav Nonnenmacher geschaffen hat. Alle Wege führen zur Kapelle St. Michael, einem wahren Kleinod, das durch seine Lage auf dem Klausenberg weithin sichtbar ist und einen herrlichen Blick auf Abenheim und den Wonnegau freigibt.
Zum Skulpturenweg gelangt man, wenn man von Worms kommend, direkt vorm Ortsschild Abenheim den asphaltierten Weg in Richtung Bildstock einschlägt.

Klausenbergkapelle St. Michael
Klausenbergstr. 22
67550 Abenheim
Besichtigung:
Mai – September an jedem 2. Sonntag: 15 – 17 h
Informationen:
Pfarramt St. Bonifatius
Wonnegaustr. 47
67550 Worms
Tel. 06242/2429

Gerne würden wir glauben, dass der sagenhaft starke Held diesen Felsbrocken vom Rosengarten jenseits des Rheines bis hierher geworfen hat, aber einiges spricht dagegen. Bei dem eigentümlich eingebuchteten Stein handelt es sich um das Gegengewicht einer Baumkelter, das schon seit Jahrhunderten hier liegt, seiner Funktion zwar beraubt, aber ein weiteres Zeichen dafür, wie lange der Wein in unserer Region schon eine Rolle spielt.

Wenn wir das Wormser Gewächs nun endlich auch probieren wollen, gehen wir ein paar Schritte zurück und streben auf direktem Weg zum Weckerlingplatz. Wir sehen ihn bereits, wenn wir auf der Südseite des Doms in Richtung Süden schauen. Unser Blick fällt zunächst auf die Jugendherberge, dahinter schaut der spitze Turm der Magnuskirche heraus. Sie steht im Norden des Platzes, der ganz unterkellert ist. Auch das Weingut Valckenberg, dessen Name uns schon an der Liebfrauenkirche begegnet ist, hat seine Weine dort deponiert. Doch man muss nicht hinabsteigen in die Gewölbe, um die Liebfrauenmilch und andere Tröpfchen aus Wormser Weinbergen zu kosten. Zum Weingut gehört ein schicker Weinladen, in dem ein breites Angebot an Weiß- und Rotweinen sowie an Sekten verkostet werden kann. Wer sich zuvor noch einmal davon überzeugen möchte, dass der Wein auch im Süden der Stadt gedeiht, kann am Andreasstift vorbei durchs Andreastor gehen. Unterhalb der Stadtmauer werden weitere Weinberge dem Ruf der Weinstadt Worms gerecht.

Der Wonnefrau von Eckhard Schembs begegnet man auf dem Abenheimer Skulpturenweg.

8. Weltberühmtes Leder aus Worms

Auf den Spuren der Familie von Heyl

Friedrichskirche – Heylsschlösschen und Park – Heylshof – Lederarbeiter-Denkmal – Sophienstift – Marktplatz

Nachdem aus der Freien Reichs- und Kaiserstadt nach der Zerstörung von 1689 und der erneuten Besetzung durch die Soldaten des napoleonischen Frankreichs hundert Jahre später ein unbedeutendes Kantonsstädtchen geworden war, wurde Worms 1817 dem Großherzogtum Hessen zugeschlagen und erlebte ab den 50er Jahren des 19. Jahrhunderts einen neuen Aufschwung, der der Stadt über einen Zeitraum von gut 120 Jahren Wohlstand und neues Selbstbewusstsein bescherte. Eng verbunden ist diese Entwicklung mit der Lederindustrie.
Seit der Gründung der ersten Lederlackierfabrik 1839 wuchs die Zahl der Beschäftigten in den vor allem im Süden der Stadt angesiedelten Werken (Cornelius Heyl, Doerr & Reinhart) kontinuierlich. Die höchste Mitarbeiterzahl erreichte die Lederindustrie im Jahr 1927 mit nahezu 8000 Personen. Die Kriegsfolgen, aber auch die Entwicklung einer starken Konkurrenz auf dem Kunststoffmarkt hatte den Niedergang zur Folge, der 1974 mit der Liquidierung des Werks Heyl-Liebenau sein Ende fand. Während von den großen Betrieben im Speyerbenn und im Liebenauer Feld heute nichts mehr übrig ist, zehrt die Stadt noch heute von dem kulturellen Erbe, das die Industriemagnaten hinterlassen haben. Wer Worms besucht, wird vor allem dem Namen Heyl immer wieder begegnen.

Start:
Friedrichskirche, Römerstr. 82

Länge:
1,5 km

Dauer:
1 Stunde

Anfahrt:
Auto: Parkhaus Friedrichstraße, Tiefgarage Kaiserpassage
ÖPNV: Bus vom Hauptbahnhof zum Startpunkt: Linien 401, 402, 408, 409, 410, Ausstieg Römischer Kaiser

In der Römerstraße sind das rote Haus (direkt neben der Friedrichkirche) und das Barockhaus mit der Gaststätte Zum römischen Kaiser noch aus früheren Zeiten erhalten.

Die Friedrichskirche wurde von den Reformierten erbaut und 1744 eingeweiht.

Friedrichskirche
Römerstr. 82
67547 Worms
Die Kirche kann auf Anfrage besichtigt werden:
Tel. 06241/23933

Um nach der Stadtverwüstung von 1689 wieder Leben in das zerstörte, menschenleere Worms zu bringen, ließ man 1699 zu, dass sich auch Reformierte (Calvinisten) in der Stadt niederließen. Bereits nach dem Dreißigjährigen Krieg hatte es hier für kurze Zeit eine – wenn auch nur geduldete – Gemeinde gegeben. Der Zuzug dieser Familien wirkte sich auf Dauer sehr vorteilhaft auf die wirtschaftliche Situation der Stadt aus, denn es waren tüchtige, strebsame Leute. 1699 gestand man ihnen nun per Vertrag endlich freie Religionsausübung zu. Um 1700 wurde eine kleine Holzkirche nebst Pfarrhaus und Schule in Betrieb genommen. Um dann eine große Kirche aus Stein zu bauen, bedurfte es größerer Anstrengungen. Deshalb baten die Reformierten Friedrich den Großen von Preußen um seine Schirmherrschaft. Nach ihm wurde das 1744 eingeweihte Gotteshaus **Friedrichskirche** genannt. Der einfache Saalbau mit dreiseitig geschlossenem Chor, nach Plänen von Johann Georg Baumgratz errichtet, hat keinen Turm, sondern lediglich einen Dachreiter mit Glocken. Nach der Zerstörung im Zweiten Weltkrieg wurde die Kirche wieder originalgetreu aufgebaut, wobei allerdings auf die frühere Empore verzichtet wurde.

An die Kirche schließt sich das Rote Haus (Römerstraße 76) an, ein repräsentativer Renaissancebau mit zentraler spätgotischer Toreinfahrt und zwei aufwändigen Zwerchhäusern aus dem Jahr 1624. Das Anwesen, das unter anderem auch einmal Brauhaus war, dient heute der Friedrichsgemeinde als Gemeindehaus.

In der Gemeinde, die sich 1824 mit den Lutheranern zusammenschloss, war von Anfang an – auch finanziell – die Familie Heyl, um die es uns hier geht, stark engagiert. Der letzte „Lederbaron", Ludwig Cornelius Freiherr von Heyl zu Herrnsheim, ließ seinen Sohn Leonhard 1939 ausdrücklich in der Friedrichskirche konfirmieren, weil sie im „Dritten Reich" eine Bastion der Bekennenden Kirche war. Im Hof der Anlage, an der Kirchenrückfront, findet man heute noch den Grabstein des Bäckermeisters Johann Cornelius von der Mühl (1677–1744), der ein Pate eines der ersten Heyls war und der Familie den Leitnamen Cornelius quasi vermachte.

Der Grabstein des Johann Cornelius von der Mühl an der Rückseite der Friedrichskirche.

Die Heyls, die aus Bacharach stammten, waren zunächst Fischer, Flößer und auch Reeder. Sie wohnten in der Fischerweide, später in der Rheinstraße und schließlich bis 1818 am Markt, etwa an der Stelle, wo sich heute ein Wäschehaus befindet. Wir folgen deshalb der Römerstraße in Richtung Süden bis zur Peterstraße und biegen dort rechts ab, bis wir den Marktplatz erreichen. Wenn wir links in Richtung Dom gehen, gelangen wir auf den Schlossplatz, der sein elegantes Aussehen dem **Heylsschlösschen** verdankt. Früher hatte hier über Jahrhunderte der prachtvolle Bischofshof gestanden. Nachdem er 1689 zerstört und in den Jahren 1719 bis 1725 unter Beteiligung Balthasar Neumanns wieder aufgebaut worden war, hatten ihn die Truppen Napoleons 1794 erneut niedergebrannt. 1803 wurde das Bistum Worms durch den Reichsdeputationshauptschluss aufgelöst. Das war die Stunde Johann Cornelius Heyls. Im Rahmen der Nationalgüterversteigerungen kaufte er 1805 den geschichtsträchtigen Boden mit der Ruine des Palastes samt Hof, Kellerei und Garten. 1851 erwarb sein Sohn Johann Cornelius III. noch das kleine Palais direkt neben dem Dom und ließ es zu einem repräsentativen Schlösschen im klassizistischen Stil ausbauen. 1905 erlebte es eine neubarocke Überarbeitung. Es wurde in den Bombennächten des Zweiten Weltkriegs weitgehend zerstört. Nach dem Krieg wurde es als zweigeschossiges Gebäude wieder errichtet. Blickfang ist das steinerne Wappen der Freiherrn von Heyl zu Herrnsheim geblieben: ein goldener Schlüssel in Blau (Worms) und zwei silberne Lilien, die auf das Herrnsheimer Schloss verweisen, das die Heyls später erwarben. Noch heute ist das Schlösschen in Familienbesitz, wird aber – vor allem während der Nibelungen-Festspiele – für Veranstaltungen genutzt.

Die Büste des Firmengründers Johann Cornelius III Heyl.

Das Heylsschlösschen ist nach dem Zweiten Weltkrieg nicht mehr ganz so prachtvoll wieder aufgebaut worden, aber es ist doch immer noch eine Zierde für den Schlossplatz.

Tipp

- Café Domblick

Lutherring 5
67547 Worms
Tel. 06241/22045
Öffnungszeiten:
Mo – Fr: 9 – 19,
Sa + So: 13 – 19 h
Die Caféräume mit großen Fenstern liegen auf drei Ebenen. Im Sommer kann man im Grünen sitzen.

Cornelius Wilhelm Heyl (1843–1923) bezog nach seinem Eintritt in den väterlichen Betrieb zunächst das Schlösschen am Dom. Es blieb auch sein Wohnsitz, nachdem er 1867 Sophie Stein (1847–1915), die Tochter eines Kölner Bankiers und Kunstsammlers, geheiratet hatte. Die zunehmende Raumnot und wohl auch der Wunsch, ein repräsentatives Stadthaus zu besitzen, führten 1883 zum Bau des Heylshofes.

Durch das schmiedeeiserne Tor neben dem Schlösschen betreten wir den Park des Anwesens, der dank der harmonischen Gestaltung, insbesondere seines herrlichen alten Baumbestands, eine Oase der Ruhe mitten im

Der Aufstieg der Heyls

Cornelius Heyl (1792–1858) begründete den Aufstieg der Familie, indem er ohne fachmännische oder technische Vorkenntnisse beschloss, in großem Umfang Lackleder nach einem neuen Verfahren herzustellen. 1834 gründete er zusammen mit seinem Schwager Johann K. Martenstein seinen ersten Betrieb auf dem Gelände des vormaligen Klosters Nonnen- bzw. Mariamünster. Die Fabrik, die der erste große Industriebetrieb der Stadt überhaupt war, erlebte einen stetigen Aufschwung. Mit seiner Lacklederfabrikation eroberte Heyl den Weltmarkt. Sein Enkel Cornelius Wilhelm Heyl übernahm bereits mit neunzehn Jahren das großväterliche Werk, war aber auch eine Persönlichkeit, die politisch wirkte. 1874 wurde er als Kandidat der hessischen Fortschrittspartei in den Reichstag gewählt, dem er bis 1881 und dann wieder von 1893 bis 1918 angehörte. 1877 berief ihn Großherzog Ludwig III. in die Erste Kammer der hessischen Stände. 1883 erwarb von Heyl das Schloss Herrnsheim, das die Nachkommen 1957/1958 an die Stadt Worms verkauften (vgl. Tour Nr. 11, S. 97ff).

Während der Nibelungenfestspiele werden Heylshof und Park romantisch illuminiert.

Trubel der Stadt ist. Während der Nibelungen-Festspiele wird er Abend für Abend zum Ort prächtiger Illuminationen und lukullischer Freuden. Während die Gewächshäuser, die sich früher an den Heylshof anschlossen, nach der Zerstörung im Krieg leider nicht wieder aufgebaut wurden, sind die übrigen Gestaltungsformen unterschiedlicher Epochen noch nachvollziehbar. Im Stil des englischen Landschaftsgartens wurde der Blick auf den Dom geschickt in eine malerische Baumkulisse einbezogen. Anstelle des ehemals barocken Wasserbeckens sprudeln heute Wasserspiele. Zahlreiche Rokokofiguren und eine Grotte mit der Skulptur eines Mohren, an der westlichen Stadtmauer gelegen, die dem Zeitgeschmack des 19. Jahrhunderts entsprachen, runden das Bild ab. Neben der Bodenplatte von Gustav Nonnenmacher, die daran erinnert, dass Martin Luther sich hier 1521 vor Kaiser und Reich verantwortete, gibt es den barocken Abgang zum ehemaligen bischöflichen Eiskeller zu sehen, und ein paar Schritte weiter die Bronzeskulptur von Johann Nikolaus Götz (1721–1781). Sie zeigt den Wormser Anakreontiker in anmutiger Pose, wie ihn die Muse küsst. Zitate aus den bekanntesten seiner Gedichte geben einen guten Eindruck seines Schaffens. In mehreren Mauernischen zeigen Mosaiken von Agathe Sander Stationen der Geschichte von Dom

Tipp

- **Restaurant Weinstube Römischer Kaiser**

Römerstr. 72
67547 Worms
Tel. 06241/498740
Öffnungszeiten:
Di – Sa: 18 – 24 h,
So: 18 – 22 h
Gepflegtes Restaurant im Barockhaus, Kellergewölbe für Gruppen, gute Küche.

- **Akropolis-Domschänke**

Stephansgasse 16
67547 Worms
Tel. 06241/87571
Öffnungszeiten:
Mo – So:
11.30 – 14.30, 7.30 – 24 h
Gutes, griechisches Essen, viel Platz.

Dem Wormser Dichter Johann Nikolaus Götz wurde im Heylspark ein anmutiges Denkmal gewidmet.

und Stadt sowie berühmte Persönlichkeiten. Vor der Balustrade treffen wir auf den Firmengründer Johann Cornelius III Heyl, eine Büste, die ihn in der Blüte seiner Jahre darstellt. Seine Enkel Wilhelm Cornelius und dessen jüngerer Bruder Maximilian (1844–1925) wurden 1886 in den großherzoglich hessischen Adelsstand und in den Freiherrenstand als „Freiherren von Heyl zu Herrnsheim“ erhoben. Vor allem ihre Aktivitäten für die Stadt Worms dürften hierfür ausschlaggebend gewesen sein. Zu nennen ist die Finanzierung des Cornelianums, die finanzielle Unterstützung von römischen Ausgrabungen und wissenschaftlichen Forschungen zur Wormser Stadtgeschichte, die Ausstattung des Paulusmuseums, der Ankauf einer bedeutenden Lutherbibliothek und anderes mehr.

Wir gelangen über die Treppe zum Haupteingang des **Heylshofs** und bewundern die schön geschnitzte Tür, die das Motiv „Ankunft und Abschied“ zeigt. Der neubarocke Bau des Architekten Alfred Friedrich Bluntschli wurde 1894 fertiggestellt. Zur Ausgestaltung des Palais’ trugen der Münchener Künstler Lorenz Gedon und der Wormser Heraldiker Otto Hupp bei.

Sophie und Cornelius Wilhelm von Heyl waren kunstsinnige Menschen, die eine große Sammlung von zum Teil bedeutenden Gemälden, Glasmalereien, geschnitzten Figuren und wertvollen Möbeln zusammentrugen. Um der Nachwelt das gesamte Anwesen und die Sammlung ungeteilt hinterlassen zu können, wandelte das Paar den Besitz in eine Stiftung um. Im Juni 1926 wurde das Museum Heylshof feierlich eröffnet. Bei den beiden Bombenangriffen auf Worms am 27. Februar und 18. März 1945 wurde der Heylshof nahezu vollständig zerstört, die Wertgegenstände aber waren rechtzeitig ausgelagert worden, sodass nach dem Wiederaufbau – allerdings nur eingeschossig – die Sammlung nahezu vollständig zurückgebracht werden konnte. Zwei Gemälde von Frans Hals mussten verkauft werden, um den Aufbau zu finanzieren, ein ter Borch ist noch heute verschollen, das Bildnis eines Unbekannten von Anton van Dyck aber ist 2009 nach langer Odyssee zurückgekehrt.

Gegenüber vom Heylshof, auf dem heutigen Gelände der Sparkasse, stand der Majorshof, den Maximilian und Dorothea (Doris) von Heyl 1878/1879 zu einem Palais ausbauen ließ. Das Haus war geistiger Mittelpunkt der Stadt. 1919 bezog Cornelius Wilhelms Sohn Ludwig das Haus und bewohnte es bis zur Zerstörung im Zweiten Weltkrieg. Später verkaufte die Familie das Anwesen an die Kreis- und Stadtsparkasse, die 1984 dort den

Museum Heylshof
Stephansgasse 9
67547 Worms
Tel. 06241/72200
www.heylshof.de
Öffnungszeiten:
Mai – Sept: Di – So: 11 – 17 h, auch am 1. Mai, Ostermontag, Pfingstmontag.
Okt. – Dez: So: 11 – 17 h
Di – Sa: 14 – 17 h
1. Jan. – 15. Feb. u. Karfreitag geschlossen.
Eintritt:
Erwachsene 3,50 €, Kinder und Jugendliche 1 € (bis 18 Jahre)

Tipp

Exponate über die Stifter im Heylshof
Wer den Heylshof besucht, sollte nicht versäumen, im Souterrain einen Blick in den Raum mit den Ausstellungsstücken über die Stifter zu werfen.

Neubau ihrer Hauptverwaltung eröffnete (vgl. Tour Nr. 10, S. 87ff).

Wir laufen durch die gepflegten Anlagen in Richtung Süden und treffen auf die „Steine-Mott", einen Arbeiter der Lederfabrik Doerr & Reinhart, der hier mit einer Zange ein schweres, nasses Fell aus dem Bottich zieht.

Eine überaus harte Tätigkeit war die Verarbeitung des Leders. Von Montag bis Samstag, zwölf Stunden am Tag, arbeitete Karl Stein für einen Stücklohn. Als Wormser hatte er wenigstens keinen weiten Anmarsch. Wer aus Bürstadt oder Lampertheim kam, musste sich auch im Sommer bei Dunkelheit auf den Weg machen – es wird erzählt, dass manche unterwegs strickten oder schlafend von anderen mitgeschleift wurden – und den Rhein bis zum Bau der Brücke 1900 mit der Fähre überqueren.

Das **Lederarbeiterdenkmal**, für das Karl Stein Modell stand, wurde 1926 von Doerr & Reinhart als Brunnenfigur bei Carl Stock in Auftrag gegeben. Der Brunnen stand früher in der Südanlage, unterhalb des Christoffelturms. Bei der Bombardierung 1945 wurde die lebensgroße Figur schwer beschädigt. Engagierte Bürger sorgten dafür, dass die Skulptur in vereinfachter Form neu geschaffen wurde und seit 1994 nun hier zu finden ist. Das Denkmal ist neben einer kleinen Ausstellung im städtischen Museum Andreasstift die einzige Erinnerung an die rund 120 Jahre dauernde Ära der Lederfabrikation in Worms, die Tausenden von Menschen Arbeit und Brot gab.

Den Unternehmern war sehr wohl bewusst, wie aufreibend die Arbeit in den Fabriken war. Die Familie von Heyl hat einiges getan, um ihren Mitarbeitern die Lage zu erleichtern. Unter anderem war sie maßgeblich beteiligt am Bau der Arbeitersiedlung Kiautschau (vgl. Tour Nr. 9, S. 81ff), aber sie unternahm auch noch sehr viel mehr.

Wir biegen links ab in die Andreasstraße, genießen im Vorbeigehen links den Blick auf den Dom und werfen rechts einen Blick in die Dechaneigasse mit der Jugendherberge, der Magnuskirche und dem Andreasstift am Weckerlingplatz, passieren die Adler-Apotheke und überqueren die Kreuzung Neumarkt/Valckenbergstraße zur Wollgasse hin. Hier befand sich früher das Gerberviertel der Stadt, die Keimzelle der Lederindustrie, ein Gassengewirr mit zahlreichen Werkstätten und Speichern, die von „der" Gerberbach durchflossen wurde. Anfang des 20. Jahrhunderts wurde der Bach, der in Richtung Dreifaltigkeitskirche „verrohrt" war, zugeschüttet. Nach der Bombennacht von 1945 war nichts

Der prächtige Eingang des Heylshofs, der heute ein Kunstmuseum ist. Vor dem Krieg war das Palais dreistöckig.

Tipp

Sparkassenpark

Während der Öffnungszeiten der Sparkasse kann man im dazugehörigen Park spazieren. Es steht dort eine Sandsteinstele, die über die Geschichte des Majorshofs informiert.

Der Lederarbeiter in der Anlage erinnert an die Ära der Lederindustrie.

Tipp

Lederausstellung

Die Lederausstellung im Museum zeigt unter anderem eine vollständige Sattlerei sowie weitere Details aus der Zeit der Lederindustrie. Besonders Interessant: der von Einschüssen durchlöcherte Kopf des Original-„Lederarbeiters".

Tipp

Spuren der von Heyls im Stadtteil Herrnsheim

Die Mitglieder der Familie von Heyl sind in der Gottliebenkapelle in Herrnsheim begraben (vgl. Tour Nr. 11, S. 97ff), die zu besonderen Anlässen, insbesondere Konzerten und Lesungen, geöffnet ist. Ebenfalls empfiehlt sich ein Besuch von Schloss Herrnsheim. Herrnsheim ist knapp 4 km vom Stadtzentrum entfernt und vom Wormser Hauptbahnhof mit der Buslinie 403 (Haltestelle Park) oder 408 (Haltestelle Richard-Knies-Straße Ost) zu erreichen.

mehr übrig von der Altstadtidylle. Viele der alten Gässchen gibt es heute nicht mehr.

In der Römerstraße 18–22 stoßen wir auf das Sophienstift. Sophie von Heyl hatte in Worms nicht nur nach dem Vorbild der Großherzogin Alice einen Verein zur Pflege der Verwundeten aus dem 1870/1871er-Krieg gegründet, sondern auch wesentlich den Zusammenschluss eines Frauen-Vereins für innere Mission zur „Förderung des geistigen, religiösen, sittlichen und leiblichen Wohles des weiblichen Geschlechts" initiiert. Es entstand eine Mädchen-Arbeitsschule zum Erlernen von Handarbeiten, eine Betreuung für schulpflichtige Kinder, ein Sonntagsheim für Hausangestellte und schließlich auch ein Heim für alleinstehende berufstätige Frauen, das sich das Ehepaar zur Silberhochzeit zum Geschenk machte. Es war der Vorläufer des Sophienstifts, das hier, im ehemals Goldbeck'schen Haus, 1903 eingerichtet wurde. Nach dem Tod seiner Frau rief Cornelius Wilhelm von Heyl 1918 die „Stiftung Sophie von Heyl zu Herrnsheim'sche Wohlfahrtsanstalten zu Worms" ins Leben und garantierte damit den Fortbestand der Einrichtung.

Das Sophienstift wurde im Laufe der Jahre mehrfach erweitert und umgebaut. Wegen seines Treppenturms aus dem Jahr 1604, einem von drei verbliebenen Renaissancetürmen in Worms, wurde das Anwesen unter Denkmalschutz gestellt. Bei der letzten umfassenden Sanierung wurde auch ein romanischer Keller entdeckt. Der Treppenturm ist von der malerischen Kasernengasse aus, die parallel zur Römerstraße verläuft, zu sehen.

Die Gottliebenkapelle ist die Grablege der Familie von Heyl und wird gelegentlich für Konzerte genutzt.

Gehen wir nun zur Hagenstraße und laufen in Richtung Dom am älteren Teil des Rathauses vorbei, das von Gabriel von Seidl erbaut wurde, bis zur Stadtbibliothek. Hier stand das Cornelianum, der repräsentative Fest- und Saalbau, den Cornelius Wilhelm Freiherr von Heyl zu Herrnsheim der Stadt geschenkt hat. (vgl. Tour Nr. 5, S. 49ff). Bei den Bombenangriffen auf Worms wurde das Gebäude zerstört und leider nicht wieder aufgebaut. Erhalten sind noch das Relief „Siegfrieds Einzug" und die Plastik Volkers von Alzey sowie der Siegfriedbrunnen.

9. Mit der Bahn kam der Aufschwung

Schöne Villen und Vorstadtidylle im Westend

Hauptbahnhof – Wasserturm – Eleonorenschule – Lutherkirche – Polizeikaserne (FH) – Kiautschau – Westendschule – (Tipp: Friedhof Hochheimer Höhe)

Nach Westen wurde Worms erst Mitte des 19. Jahrhunderts erweitert. Kaum vorstellbar ist, dass man das Lutherdenkmal, das 1868 eingeweiht wurde, seinerzeit auf unbebautem Gelände errichtete. Wenig später boomte Worms, und die westliche Stadt wurde gebaut mit schönen Villen, der prachtvollen Einkaufsstraße, die nach Kaiser Wilhelm benannt wurde – heute heißt sie Wilhelm-Leuschner-Straße, ist bei den Wormsern aber immer noch die „KW" – und dem noblen Bahnhofsviertel, einem eleganten Entree, wenn man per Bahn in Worms ankam. Bei den Bombenangriffen wurden viele dieser stattlichen Anwesen zerstört, und die „KW", in der die Wormser sonn- und feiertags gerne zu flanieren pflegten, verlor durch die Verlagerung des Geschäftszentrums ihre Monopolstellung.

Start:
Hauptbahnhof, Bahnhofstr. 7

Länge:
1,9 km (+ 1,5 km bis Trauerhalle/Hauptfriedhof)

Dauer:
1 – 1,5 Stunden

Anfahrt:
Auto: Parkhaus Am Theater oder P+R-Parkhaus Am Bahnhof

Wir beginnen unseren Rundgang durchs Westend am **Hauptbahnhof**, der nach vielen Diskussionen – viele Wormser hätten die Lage am ehemaligen Woog im Osten der Stadt bevorzugt – zwischen 1901 und 1904 von dem Architekten Fritz Klingholz erbaut wurde und spielerisch romanische Elemente mit Jugendstilformen vereinigt. Der Fries über dem Portal der Empfangshalle stellt die Entwicklungsgeschichte der Fortbewegungsmittel kunstvoll dar, und auch im Inneren birgt die Halle viele hübsche Skulpturen von Menschen und Tieren. Nicht weniger Sorgfalt haben die Steinmetze bei der Gestaltung des angrenzenden Fürstenpavillons aufgewandt, in dem früher hohe Gäste die Zeit zwischen den Weiterfahrten standesgemäß verbrachten. Mit seinem reichen Bildprogramm nimmt der Fries über dem Portal inhaltlich und stilistisch Bezug auf die bedeutende Historie der Stadt, insbesondere auch auf das Nibelungenthema. Mit anderen Worten: Der Bahnhof machte den Reisenden schon nach den ersten Schritten klar, auf welch bedeutsamen geschichtlichen Boden sie sich befanden.

i Nibelungenstil

Mit der Industrialisierung nahm Worms Ende des 19./Anfang des 20. Jahrhunderts einen bedeutenden wirtschaftlichen Aufschwung, der sich auch in der Stadtentwicklung niederschlug. Untrennbar mit dem heutigen Gesicht von Worms verbunden ist der Name Karl Hofmann (1856 – 1933), der von 1885 bis 1897 Stadtbaumeister war und einen unverwechselbaren Lokalstil entwickelte. Dieser neuromanische Baustil, der auch gerne als Nibelungenstil bezeichnet wird, wohl weil er in einer Zeit geprägt wurde, als die Nibelungen wieder stark im Kommen waren, griff Gebäudeformen, Bauschmuck und Elemente wie Säulen und Kapitelle der Romanik auf, ordnete sie aber einem neuen, zeitgemäßen Zweck unter. Längst nicht alle Pläne Hofmanns wurden verwirklicht, auch nicht mehr alle Häuser sind erhalten. Prägnantestes Beispiel für diesen Stil ist der Brückenturm, eines der Wahrzeichen von Worms, dessen Gegenstück auf der heute hessischen Seite bei der Brückensprengung zu Kriegsende zerstört und nicht wieder aufgebaut wurde.

Der Bahnhof ist städtebauliches Pendant zu der 1900 erbauten Nibelungenschule an der B9 (Richtung Rhein), die Karl Hofmann über den Nibelungenring hinweg geplant und mit einem charakteristischen stattlichen Turm versehen hat. Beide Gebäude bilden über die Siegfriedstraße und den Berliner Ring auch heute noch eine Blickachse.

Wir gehen durch die Bahnhofstraße auf die Brunhildenbrücke hinauf, die über die Bahnlinie Ludwigshafen–Mainz führt, und gelangen nun ins eigentliche Westend, ein gründerzeitliches Viertel, das architekturhistorisch Historismus, Jugendstil und Gartenstadtbewegung repräsentiert und von den Bomben im Zweiten Weltkrieg weitgehend verschont blieb. Vor uns

Eines der reizvollen Details am Bahnhof.

Der Hauptbahnhof, 1904 erbaut, vereinigt spielerisch romanische mit Jugendstilformen.

sehen wir den markanten Turm der Lutherkirche, doch wir gönnen uns den kleinen Umweg durch die Wasserturmstraße, ehemals Dalbergstraße, die eine Reihe schöner Stadthäuser mit vielen hübschen Details zu bieten hat. Wer mag, kann auch einen Blick in die parallel verlaufende Gewerbeschulstraße werfen, in der die 1887 von Karl Hofmann erbaute Gewerbeschule steht, heute das Domizil der Jugendmusikschule. Wieder zurück in der Wasserturmstraße, nähern wir uns dem 58 Meter hohen **Wasserturm**, der eine frühe und wegweisende Arbeit des bedeutenden Stadtbaumeisters ist. Der Turm wurde an der höchsten Stelle der Kernstadt bei 108 Metern auf damals noch unbebautem Gelände, heute Karlsplatz, errichtet, um die Trinkwasserversorgung der Bevölkerung sicherzustellen. Gleichzeitig sollte er gestaltendes Element für die Entwicklung der Weststadt werden. Die vorhandene Technik ist aufwendig mit Buntsandstein umbaut und mit Schmuckelementen verziert. Das sechzehnteilige Hauptdach wurde mit farbigen Ludowici-Ziegeln gedeckt. Heute bekommt die Stadt ihr Trinkwasser aus dem Ried, und im Turm befinden sich nach Umbauarbeiten nun Privatwohnungen.

Der Wasserturm blieb damals nicht lange allein. Von 1904 bis 1906 errichtete Hofmanns Nachfolger, Georg

Der dekorative Wasserturm von Baumeister Karl Hofmann wird heute privat genutzt.

Die weithin sichtbare Lutherkirche ist ein reizvolles Beispiel des Darmstädter Jugendstils.

Lutherkirche
Karlsplatz 3
67549 Worms
Besichtigungen nach Absprache: Tel. 06241/94190

Metzler, in direkter Nachbarschaft die **Eleonorenschule** als Höhere Töchterschule. Sie ist mit dem Wasserturm verbunden. Neben der schmucken, mit Drachen verzierten Turnhalle wurde wenig später die **Lutherkirche** im Darmstädter Jugendstil gebaut. Der Architekt Friedrich Pützer gab dem Gotteshaus in bewusstem Gegensatz zur Neuromanik des Wasserturms und zur Neugotik der Eleonorenschule ein „schlichtes, ernstes, festes Gepräge". Aus beiden Richtungen der heutigen Friedrich-Ebert-Straße schon weithin wahrnehmbar, macht der Kirchturm dem Wasserturm dennoch keine Konkurrenz. Material und Helmaufbau nehmen Bezug auf die gemauerten Kuppeln des Doms und die der Pauluskirche. Die Turmgestaltung mit acht Säulen im Glockengeschoss sowie das auffallende Eingangsportal mit Säulenhalle und Balustrade zum Karlsplatz hin muten ausgesprochen modisch an. Das Walmdach der Kirche findet seine Entsprechung im Dach des Gemeinde- und Pfarrhauses, das der Kirche angegliedert ist.

Sehenswert ist das Innere der Kirche, die Pützer als würdiges „Versammlungshaus für die feiernde Gemeinde" konzipiert hat. Alle Blicke werden auf den Kanzelaltar hingelenkt, hinter dem sich der Aufbau für Sängerbühne, Orgeltisch und Orgelprospekt erhebt. Die ausdrucksvolle Farbgestaltung der Kassettendecke in

Die ehemalige Polizeikaserne gehört heute als Verwaltungs- und Seminargebäude der Fachhochhochschule.

Gold- und Blautönen, die reiche Ornamentik und die fein aufeinander abgestimmten Details, die von namhaften Künstlern wie Augusto Varnesi, Otto Hupp, Ernst Riegel und anderen geschaffen wurden, verleihen dem Raum eine eindrucksvolle Atmosphäre. An den Namensgeber der Kirche erinnert ein Bronzerelief des Künstlers Ludwig Habich von 1916, das einen Lutherkopf zwischen den Figuren von Calvin, Hutten, Melanchthon und Sickingen zeigt.

Wenn wir der Friedrich-Ebert-Straße in Richtung Westen folgen, passieren wir die neuen Gebäude der Fachhochschule Worms, die sich jenseits der Erenburgerstraße fortsetzen. Stilistisch lehnen sie sich an ältere Backsteinbauten an, unter anderem die ehemalige **Polizeikaserne**, die 1895 als Militärlazarett erbaut worden war. Sie diente ab 1933 der NS-Polizei, war aber auch eine Außenstelle der Gestapo, die rassisch und politisch missliebige Bürger dort einsperrte, verhörte und folterte. Eine Gedenktafel erinnert seit 2004 an die Geschichte dieses Ortes.

Gegenüber den Fachhochschul-Gebäuden verbirgt sich hinter dem Ensemble Westend-Apotheke und Brückenbogen über die Alicestraße eine weitere Facette der „jungen" Wormser Weststadt. Die kleine Wohnsiedlung, die von einer „Aktiengesellschaft zur Erbauung von Wohnungen namentlich zum Besten von Arbeitern in Worms" ab 1895 errichtet wurde – die Hälfte der Aktien hielt die Cornelius Heyl AG und brachte auch das Baugelände ein; weitere Aktionäre waren die Stadt, die Firma Doerr & Reinhart, die Kunststoff Wollfabrik W.J.D. Valckenberg, das Kaufhaus Goldschmidt und andere –, lag so weitab vom Zentrum und der übrigen Bebauung im Westen, dass der Volksmund sie **Kiautschau** nannte nach dem ehemaligen deutschen Pachtgebiet in China. Nach Plänen Karl Hofmanns entstanden kleine, preiswerte Häuschen im Landhausstil mit zwei bis drei Zimmern, zu denen ein Vor- und Gemüsegarten gehörte. Für Familien mit zwei Kindern waren sie nach heutigen Maßstäben sehr knapp bemessen, im Vergleich aber zu den beengten, zum Teil sehr unhygienischen Unterkünften, in denen die Arbeiterfamilien vorher lebten, erscheinen sie paradiesisch. Als Wohnsiedlung, die 1893 sogar als zukunftsweisendes Projekt auf der Weltausstellung in Chicago vorgestellt wurde, steht das Kiautschau längst unter Denkmalschutz. Hübsch renoviert, mit blühenden Gärten, bilden die Alice-, Pestalozzi-, Schützen-, Rösslin-, Mönchs-, Glockengießer- und Benediktinerstraße heute ein Wormser Schmuckkästlein.

Wenn wir durch die Windhorststraße auf die Friedrich-

Tipp

Sehenswerte Friedhofsgebäude auf der Hochheimer Höhe

Wer mag, kann die Tour auch verlängern und Richtung Hochheim weiterlaufen (oder -fahren). Oberhalb der Bergkirche, auf der Hochheimer Höhe, befindet sich der ab 1902 angelegte Hauptfriedhof der Stadt, ein gepflegter Park im Landschaftsstil, der durchaus einen Spaziergang lohnt. Die Zentralverwaltung mit Trauerhalle ist eines der imposantesten Werke Karl Hofmanns, die alle Stilelemente der Neoromanik auf gelungene Weise in sich vereinigt. Wer die Gebäudegruppe umschreitet, wird immer wieder reizvollen Zitaten städtischer Bauwerke der Romanik begegnen.

Wenige Schritte entlang der Eckenbertstraße stößt man schließlich auch auf den neuen Jüdischen Friedhof. Die Trauerhalle, 1911 erbaut von Georg Metzler, ist, besonders was die Innenausstattung betrifft, ein erlesenes Werk des Darmstädter Jugendstils. Leider ist sie regulär nicht zu besichtigen. Dennoch sollte man nicht versäumen, einen Blick auf das Gebäude zu werfen. Dabei sollte man auch das schöne Eingangstor mit den vier Kronen („Drei Kronen können den Menschen zieren: die Krone der Tora, des Priestertums, des Königtums. Aber die des guten Namens überragt alle drei.") des Judentums nicht übersehen.

Rückfahrt ab Haltestelle Friedhof oder Friedhof Süd mit Linie 408 und 413.

Die ehemalige Arbeitersiedlung Kiautschau mit ihren idyllischen Häuschen ist ein begehrtes Wohngebiet.

Tipp

- Brauhaus Zwölf Apostel
Alzeyer Str. 31
67549 Worms
Tel. 06241/2027853
Öffnungszeiten:
Mo – Do, So: 10 – 24 h,
Fr + Sa: 10 – 1 h
Umfangreiche Speisekarte, sehr modern und elegant eingerichtet; im Sommer großer schattiger Kieshof; 5 – 10 Minuten ab Zentrum.

- Trattoria al Parco
Hochheimer Str. 76
67549 Worms
Tel. 06241/3099160
Öffnungszeiten:
Mo, Mi – Do: 17.30 – 23 h
Fr: 17.30 – 23.30 h
Sa: 11.30 – 23.30 h
So: 11.30 – 22.30 h
Italienische Küche.

Ebert-Straße zurückkehren, stoßen wir auf die **Westendschule**, die ein weiterer Bau Georg Metzlers ist. Wie bei der Nibelungenschule, die er in der Nachfolge von Karl Hofmann vollendete, wurde Wert gelegt auf großzügige Platz- und Lichtverhältnisse, die auch heute noch dem Lernen zugutekommen. Auffällig ist die Bauzier mit Sinnsprüchen, Reliefs und Emblemen. Besonders interessant ist das Denkmal an der Nordostecke, leider oft von den üppig wuchernden Eiben verborgen. Es hält die Eingemeindung der drei Stadtteile Hochheim, Pfiffligheim und Neuhausen, die im Jahr 1898 erfolgte, symbolisch fest. Unter den Fenstern des Turmerkers sind von links nach rechts zu sehen: Maria mit dem Wasserrad, die für die ehemalige Wasserburg und spätere Stiftskirche Maria Himmelskron in Hochheim steht, der von einer Sitzbank umgebene Lutherbaum (das Wahrzeichen Pfiffligheims) und schließlich eine Statue des heiligen Cyriakus, der dem einst sehr berühmten Neuhauser Stift seinen Namen gab.

Von hier aus sind es nur noch wenige Schritte zur sogenannten Abzweigung, die in die erwähnten Stadtteile führen. Die Buslinien 405 (Pfiffligheim) und 408 (Herrnsheim und Klinikum) trennen bzw. vereinen sich hier und bringen müde Wanderer zurück zum Bahnhof (samstags und sonntags verkehrt hier nur die Linie 408).

10. Das neue Worms – entstanden aus Schutt und Asche

Nachkriegsarchitektur in einer vielfach zerstörten Stadt

Rathaus – Volksbank Worms Wonnegau – EWR – Kultur- und Tagungszentrum – Rathenaustraße – Haus Luisenstraße – Sparkasse – Neutor – Kaiserpassage – Rathaus – (Lukaskirche)

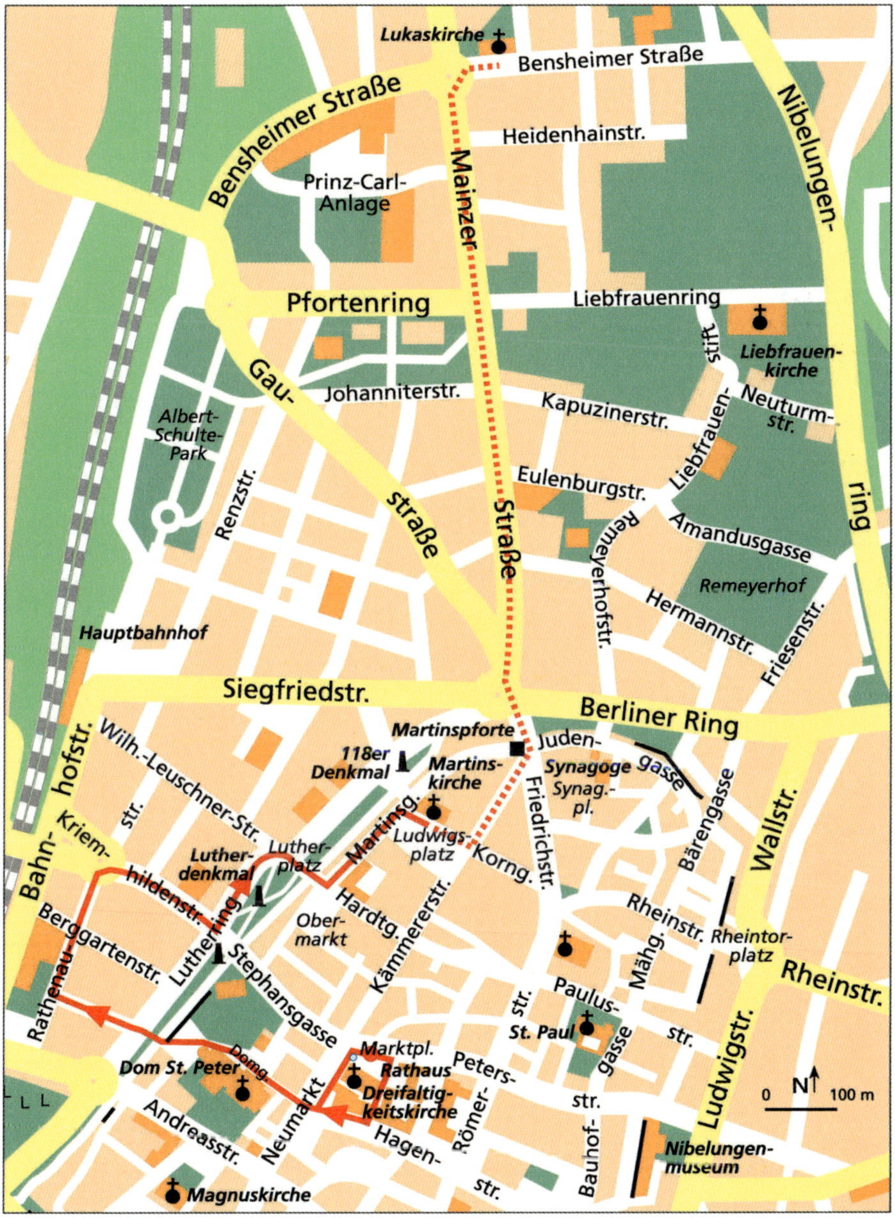

Drei Daten sind es, die bei jedem Stadtrundgang in Worms eine Rolle spielen: der Mai 1689, als Worms von den Soldaten des französischen Sonnenkönigs niedergebrannt wurde, und der Februar und März 1945, als die Innenstadt im Bombenhagel fast völlig unterging. Beim ersten Mal wurde die mittelalterliche Stadt zerstört, beim zweiten Mal die stattlichen Häuser der Gründerzeit. Es grenzt fast an ein Wunder, dass dennoch viel aus den vergangenen tausend Jahren erhalten geblieben ist. Manches wurde wieder aufgebaut wie die Synagoge, die Dreifaltigkeitskirche und die Magnuskirche. Anderes aber hat man abgerissen, beispielsweise das Cornelianum. Neues ist an dessen Stelle getreten. Ob man architektonisch immer eine glückliche Hand bewiesen hat, sei dahingestellt. Fest steht: Jede Zeit hat ihre eigenen Ausdrucksmöglichkeiten, man kann nicht nur Altes bewahren, man muss auch Neues wagen. Damals hat man auch nicht ungern Abschied genommen von dem hochherrschaftlichen Baustil vergangener Jahrzehnte, Ausdruck einer Gesellschaftsstruktur, die als überholt galt. Klare, schnörkellose Formen spiegelten eine neue, moderne Zeit. Damit einhergingen Straßenerweiterungen, die dem rasch wachsenden Verkehrsaufkommen Rechnung trugen. Im Übrigen darf nicht vergessen werden, dass man in dieser Phase rasch und preisgünstig Wohnraum schaffen musste.

Start:
Marktplatz

Länge:
1,8 km (+ 1,5 km bis zur Lukaskirche)

Dauer:
1 Stunde

Anfahrt:
Auto: Parkhaus Am Dom (Koehlstraße 7), Parkplatz Glaskopf

Worms besaß früher einen Straßenmarkt an der Durchgangsstraße Mainz–Worms–Speyer. Die Ostseite des Marktplatzes war durch die imposante dreiteilige Gebäudegruppe der Münze geprägt, die aus dem ehemaligen Haus der Münzer, dem angrenzenden Gerichtshof sowie der neuen Münze bestand und durch eine einheitliche, wohl spätgotische Arkadenreihe optisch verbunden war. Ab 1491 wurde der Komplex von der Freien Stadt als Repräsentations- und Amtshaus genutzt und kostbar ausgestaltet (vgl. Tour Nr. 5, S. 49ff). Die Wormser nannten „die Münze" „das schönste Haus der Erde". Bei der Stadtzerstörung durch die Franzosen ging sie in Flammen auf. Danach wurde der Platz zum Teil mit der Dreifaltigkeitskirche (vgl. Tour Nr. 4, S. 38ff) sowie einem Wohnhaus und einer Stadtwache bebaut. Seit 1910 stand hier das von Cornelius Wilhelm Freiherr von Heyl zu Herrnsheim erbaute Cornelianum. Nach der Zerstörung im Krieg wurde es abgetragen.

Das eigentliche **Rathaus**, der Bürgerhof, war ein hufeisenförmig angelegtes Ensemble hinter der Münze, das einen Zugang von der Hagenstraße und von der Bürgerhofgasse hatte und im Pfälzischen Erbfolgekrieg stark in Mitleidenschaft gezogen wurde. Zweihundert Jahre sollte es dauern, bis die schwer getroffene Stadt sich wieder so weit erholt hatte, dass ein Neubau an dieser Stelle möglich wurde. Von 1883 bis 1885 wurde nach Plänen des Architekten Gabriel von Seidl in der Hagenstraße ein neues Rathaus mit Stundenturm gebaut. Das große Fresko von Hermann Prell im Ratssaal (gestiftet von der Fabrikantenfamilie Doerr & Reinhart), das Kaiser Heinrich IV. bei der Übergabe der

Der ältere Teil des Rathauses in der Hagenstraße stammt von Gabriel von Seidl (im Vordergrund) und Theodor Fischer.

Das neue Rathaus ist nach dem Krieg entstanden. Über dem Eingang ist zu lesen: „Demokratischer Geist schuf diesen Bau".

Stadtfreiheitsurkunde 1074 an seine treuen Wormser zeigt, stellte wohl nicht zufällig einen Bezug zur Reichsgründung 1871 her. Im Zweiten Weltkrieg wurde das von Seidl'sche Rathaus, das in den Jahren 1910 parallel zum Bau des Cornelianums nach Plänen von Theodor Fischer erweitert wurde, stark beschädigt und in vereinfachter, aber äußerlich identischer Form wieder aufgebaut. Die wertvolle Innenausstattung war indessen unwiederbringlich verloren.

Ein weiterer Teil des alten Rathauskomplexes in der Bürgerhofgasse wurde 1895 restauriert und von dem Heraldiker Otto Hupp über und über mit Wappen und Ornamenten ausgemalt. Das sogenannte Reichsstädtische Archiv, in dem die Urkunden und Quellenzeugnisse der Stadt aufbewahrt wurden, ist leider nur zu besonderen Anlässen zugänglich.

Nach dem Krieg entschied man sich, den Hauptbau des Rathauses neu zu errichten. Der heutige Verwaltungssitz mit Turm und astronomischer Uhr, der den Marktplatz dominiert, wurde von Rudolf Lempp (Stuttgart) entworfen und im Jahr 1958 eingeweiht. Die bronzene Rathaustür zeigt Szenen der Stadtgeschichte.

Schmückender Blickfang des Platzes ist der Gerechtigkeits- oder Marktbrunnen. 1778 wurde er an der Stelle errichtet, wo heute der Siegfriedbrunnen steht,

Das schöne Portal im Treppenturm des von Gabriel von Seidl neu erbauten Rathauses stammt aus dem Jahr 1884 und befindet sich im Rathausinnenhof.

2011 wurde das neue „Wormser“ Kultur- und Tagungszentrum mit wunderschöner Dachterrasse und Restaurant rund um die große Blutbuche eingeweiht. Es ergänzt perfekt die Architektur des grundsanierten Theaters.

und schon damals ließ Justitia, flankiert von Neptun und Herkules, mit verbundenen Augen Gerechtigkeit walten über die Maße und Gewichte der Marktleute.

An die Stelle des Cornelianums ist das von Gernot Heyl entworfene Haus der Städtischen Kulturinstitute getreten. Es wurde 1963 fertiggestellt und 1980 in „Haus zur Münze“ benannt. Außer der Stadtbibliothek, die sich heute mit dem Internet-Café in das Gebäude teilt, war früher hier die Volkshochschule untergebracht. Farblich nimmt der Bau Bezug auf die Dreifaltigkeitskirche. Typisch für das damalige Zeitgefühl ist vor allem der „Glaskasten“ über dem Eingangsbereich. Das Relief „Siegfrieds Einzug“ und die Volker-Skulptur erinnern an die Nibelungenausstattung des Cornelianums. Auch in dem hohen Treppenhausfenster ist das Nibelungenthema dargestellt.

Der Siegfried-Brunnen vor dem Haus zur Münze wurde 1921 aufgestellt.

Auf der gegenüberliegenden Seite nimmt die **Volksbank Worms-Wonnegau** den Blick gefangen. Vor dem Krieg begrenzte den Marktplatz eine ansehnliche, geschlossene Häuserfront aus verschiedenen Geschäften im Stil der Gründerzeit.

Lange Jahre lag das Grundstück nach der Zerstörung brach, bis die Volksbank sich hier 1974 zu einem Neubau entschloss. Man hat nicht den Versuch unternommen, Vergangenes nachzuahmen, sondern sich bewusst für einen nüchternen, aber repräsentativen Zweckbau entschlossen. Dabei hat man durchaus darauf geachtet, dass die Architektur mit der Umgebung korrespondiert. Die kompakte Verkleidung in Sandsteinoptik nimmt deutlich Bezug auf den Dom. Eine stärker vertikal ausgeprägte, fein gegliederte Fassade hätte allerdings wohl besser ins Umfeld gepasst.

Der so genannte EWR-Kreisel mit Wasserfontäne regelt den lebhaften Nord-Süd-Verkehr.

Wenn wir über den Schlossplatz am Dom vorbei zum Platz der Partnerschaft gehen und durch den Mauerdurchbruch in die Anlagen schauen, sehen wir auch hier rechts und links zwei Gebäude, die in der Nachkriegszeit entstanden sind. Auf dem Hügel, wo bis 1873 das Bergkloster stand, baute 1874 der Lederfabrikant Andreas Reinhart sein bürgerliches „Palais Bergkloster". Sein Nachfahre Fritz Reinhart van Gülpen schenkte das Anwesen 1933 der Stadt, die es als städtische Bibliothek nutzte. 1945 wurde das schöne Haus ein Opfer der Flammen, tragischerweise erst nach der eigentlichen Brandnacht, und zwar infolge unvorsichtigen Umgangs mit Brandbomben. 1960/1961 hat das Elektrizitätswerk Rheinhessen auf dem Bergkloster einen Funktionsbau mit viel Glas errichtet, der von einer begrünten Anlage umgeben ist. Der sogenannte EWR-Kreisverkehr an der Kreuzung davor entspricht dem Geschmack heutiger Tage.

Auf der rechten Ecke nimmt das Sparkassengebäude ein ganzes Karree ein. Ehe wir dort hingehen, schlagen wir – am **EWR** vorbei – den Weg durch die Straße Am Bergkloster zum neuen Kultur- und Tagungszentrum ein. Es ist das jüngste Wormser Repräsentationsgebäude. Obwohl es funkelnagelneu ist, hat es eine lange Geschichte.

Die Anregung, in Worms ein Theater zu bauen, gab 1883 ein Spiel zu Luthers 400. Geburtstag, das in der Dreifaltigkeitskirche aufgeführt wurde. Auf Initiative und mit überwiegenden Mitteln Friedrich-Wilhelm von Schoens, der Teilhaber an den Heyl'schen Lederwerken war, entstand dann das **Spiel- und Festhaus**, ein prachtvoller, reich gegliederter Rundbau mit Kuppel, dessen

Wer einen kleinen Umweg durch die Rathenaustraße macht, wird dieses schöne Jugendstilgebäude sehen.

An der Ecke Kriemhildenstraße/ Luisenstraße wurde dieses detailreiche Nachkriegswohnhaus errichtet.

Eingangsfront als Pendant zum Westchor des Doms gedacht war. Architekt war Otto March aus Berlin. 1932 fiel das 1888/1889 fertiggestellte und 1906 umgebaute Festhaus einer Brandstiftung zum Opfer. Sein Wiederaufbau mit modernster Technik wurde 1937/1938 mit Hebbels „Nibelungen" gefeiert. 1945 stand hier erneut nur noch eine Ruine. Erst in den 60er Jahren kam es zu einem Theaterneubau nach Plänen von Gernot Heyl in schlichter und zurückhaltender Nachkriegsmoderne. Es handelt sich um einen zweigeschossigen Rundbau, dem ein gläsernes Foyer vorgelagert ist.

Ihre Bälle und Feste feierten die Wormser im Mozartsaal, der samt Wintergarten und Alpensälchen bereits zum ursprünglichen Festhauskomplex gehört hatte. Doch das reichte auf Dauer nicht aus. Es fehlte an einer repräsentativen und gut zu bewirtschaftenden Stadthalle. Über ein halbes Jahrhundert war dieses Projekt immer wieder leidiges Thema im Stadtrat und Anlass zum Spott bei der Fastnacht. Dabei waren mehrere Standorte im Gespräch. Anfang des neuen Jahrtausends entschied man sich endlich für die nächstliegende Variante, einen Neu- und Umbau am bewährten Ort unter Einbeziehung des vorhandenen Theaters, dessen Sanierung ohnehin dringend erforderlich war. Das Berliner Architekturbüro Gerkan, Marg und Partner (gmp) legte ein Konzept vor, das die Rundungen des Festhauses schwungvoll aufgreift und quasi spiegelbildlich ergänzt. Dank flexibler Wände verfügt das neue Tagungszentrum über eine Fülle von Nutzungsmöglichkeiten. Für die Umsetzung des eleganten Neubaus, dessen Grundstein 2008 gelegt wurde, mussten allerdings Mozartsaal und Festhausgaststätte weichen.

Vom Festhaus aus gehen wir durch die **Rathenaustraße** zum Kreisel, der zur Brunhildenbrücke führt, und biegen rechts ab in Richtung Lutherring. Dabei passieren wir die Mauer, die früher zum Majorshof gehörte. Am Eingang der Luisenstraße sehen wir, dass man sich beim Wiederaufbau der Stadt nicht nur mit schmucklosen Formen begnügte. Das **Eckhaus Luisenstraße** 2a zeigt, dass man gelegentlich auch um eine neue, anspruchsvolle Architektur rang. Es wurde 1960 erbaut von Hanns-Joachim Strich und gefällt durch eine abgerundete Ecke, die durch Fensterbänder gegliedert ist. Das Treppenhaus ist durch Rundfenster unterschiedlicher Größe betont. Zu beiden Seiten hin gibt es Balkone, deren Brüstungsflächen mit Mosaiken verziert sind.

Die **Sparkasse** gegenüber dem Heylshof hat den Platz des Majorhofs eingenommen. Das prächtige Anwesen, das von Rittmeister Maximilian Freiherr von Heyl zu

Wo sich heute die Sparkasse erhebt, befand sich früher der von der Familie von Heyl erbaute Majorshof.

Herrnsheim und seiner Ehefrau Doris errichtet worden war (vgl. Tour Nr. 8, S. 73ff), wurde im Krieg zerbombt. Die Familie verzichtete damals auf einen Wiederaufbau und wohnte bis zum Verkauf in der Remise. Die Sparkasse (heute Sparkasse Worms-Alzey-Ried) hatte ursprünglich ihr Domizil in einem eleganten Jugendstilhaus (Entwurf Stadtbaurat Georg Metzler) im Adenauerring, das sie 1913 bezog. Für 18 Jahre gewährte sie dort übrigens auch der Städtischen Gemäldegalerie ein Domizil. Heute fungiert das Gebäude als Bürgerbüro und Ämterhaus. Weil das Geldinstitut im Lauf der Jahre aus allen Nähten platzte, erwarb man das Majorshofgelände und plante einen Neubau, was zunächst in der Bevölkerung auf erheblichen Widerstand stieß. Die Bauherren verpflichteten sich jedoch, zwei Drittel des Parks zu erhalten und auch den Gebäudekomplex so zu konzipieren, dass der Blick auf Heylshof und Dom nicht beeinträchtigt wurde. So wurde eine aufgelockerte, aufsteigende Architektur mit versetzten Fassaden gewählt. Ein Café und weitere Geschäfte wurden als Untermieter gewonnen. 1984 konnte die neue Hauptstelle bezogen werden. Viel Grün und ein Springbrunnen in Form einer Wasserkugel sind heute ein dekorativer Blickfang.

Folgen wir dem Lutherring in nördlicher Richtung, so

Tipp

- La Cabonara

Adenauerring 4
67547 Worms
Tel. 06241/28220
www.la-carbonara.de
Öffnungszeiten:
Mo – So:
11.30 – 14.30, 17.30 – 24 h
Gepflegte italienische Küche, schickes Ambiente; im Sommer kann man unter Kastanienbäumen speisen.

- Prinz Carl Hotel Restaurant

Prinz-Carl-Anlage 10-14
67547 Worms
Tel. 06241/308-0
Öffnungszeiten:
Mo – Fr: 12 – 14, 18 – 22 h,
Sa: 18 – 22 h
Elegantes Ambiente. Sehr gute Küche, auch Plätze im Freien. Lage in einem verkehrsberuhigten Viertel.

Die Kaiserpassage hat sich stattlich in das Gesamtbild des Ludwigsplatzes eingefügt

Das Wormser Wappentier tummelt sich auch in der Luther-Anlage.

gelangen wir nach wenigen Schritten zur Einmündung der Wilhelm-Leuschner-Straße – bei den Wormsern immer noch wie früher die „KW" (Kaiser-Wilhelm-Straße) –, die rechts und links von modernen, mehrstöckigen Wohn- und Geschäftshäusern flankiert wird. Sie sind Ersatz für zwei stattliche neoklassizistische Villen, die den Familien Reinhart und Valckenberg (Tuchfabrik) gehörten. Als Anfang des letzten Jahrhunderts der Verkehr zunahm und die „Elektrische" durch die „KW" rumpelte, verkauften die Eigentümer ihre Anwesen an Banken. 1945 wurden die Gebäude restlos zerstört. Das Eckgebäude, in dem sich noch heute ein Geldinstitut befindet, erbaut in den 50er Jahren, wurde „Europa-Haus“ genannt. Der Name geht auf eine Idee des sehr deutschfreundlich gesinnten Professors André Soutou zurück, der während der französischen Besatzungszeit nach dem Zweiten Weltkrieg das Kultur- und Erziehungswesen im Wormser Raum zu überwachen hatte.

Überquert man den Lutherring und den ehemaligen Stadtgraben, dann erhebt sich an Stelle des einstigen Stenzelschen Hauses das sogenannte Haus **Neutor**, das wie die Bronzetafel im Pflaster an das prächtige mittelalterliche Stadttor gleichen Namens erinnert. Es zeichnet sich durch gerade, symmetrische Formen. Den oberen Abschluss bildet ein überkragender Aufbau mit hohen Fensterfronten. Aufgelockert wird die Fassade durch die säulengestützte Rückversetzung der Geschäftsräume im Parterre.

Wenn wir durch die Martinsgasse zum Ludwigsplatz kommen, fällt der Blick im Osten auf einen der neuesten Gebäudekomplexe der Stadt, die **Kaiserpassage**. Vor dem Krieg hatte hier – an der Stelle des ehemaligen Palais Wessenberg – das Kaiserliche Postamt gestanden. Nach der Zerstörung 1945 entschloss man sich zum Abriss der Ruine und baute ein schlichtes funktionales Postgebäude. Länger als 50 Jahre überdauerte jedoch auch dieses nicht. Um den Anschluss an die Nachbarstädte nicht zu verpassen, stimmte die Stadt dem Neubau einer Einkaufspassage auf dem Grundstück von Post und angrenzendem Kaufhaus Horten zu. Die ITG Immobilien Treuhand GmbH & Co. trat als Investor auf, die CB Centrum Bau realisierte das Projekt. Es stieß zunächst bei den Wormsern auf wenig Gegenliebe, fürchtete man doch, dass eine allzu moderne Architektur dem Stadtbild nicht guttun würde. Die Fassade zum Ludwigsplatz wurde deshalb mehrfach umgeplant, bis eine Lösung gefunden wurde, die sich durch die Verwendung entsprechender Baumaterialien und Formen gut, fast zurückhaltend in die Umgebung einfügt und dem Platz ein attraktives Niveau gibt. Zur Römerstraße und zum Römischen Kaiser hin ist die Architektur durch viele milchig grüne Glasflächen sehr viel moderner ausgefallen, allerdings ohne dem Umfeld Gewalt anzutun. Ein Dachaufbau mit Büro- und Wohnräumen ist das Tüpfelchen auf dem i.

Das Modehaus, das der Kaiserpassage am Römischen Kaiser gegenübersteht, ist über zehn Jahre älter und ein weiteres Beispiel für eine dezente, aber durchaus ansehnliche moderne Architektur.

Von hier aus sind wir in wenigen Schritten wieder auf dem **Marktplatz**.

Blick in die Kaiserpassage.

Moderne Kreiselkunst: „Terminal One“ von Mo Magic.

Die Lukaskirche im Nordend ist der erste Sakralbau der Nachkriegszeit.

Abstecher:

Sakralbau der Nachkriegszeit, die Lukaskirche

Beispiel für eine moderne Sakralbauweise ist die evangelische Lukaskirche im Norden der Stadt. Wir erreichen sie fußläufig, wenn wir der Mainzer Straße bis zur Bensheimer Straße folgen.

Farbenfroher Blickpunkt auf der Kreisverkehrsinsel Mainzer Straße/Gaustraße/Siegfriedstraße/Friedrichstraße/Berliner Ring ist die moderne Skulptur „Terminal One" des Wormser Künstlers Mo Magic. In der Mainzer Straße streifen wir nach etwa 200 Metern links den Park, in dem sich früher das Wormser Krankenhaus befand – er findet jenseits der Gaustraße seine Fortsetzung im Alten Friedhof, heute Albert-Schulte-Park, und stellt eine direkte Verbindung zu Hauptbahnhof und Busterminal her. Rechts können wir einen Blick auf die Liebfrauenkirche werfen, die sich malerisch in den Weinbergen erhebt. Das nächste Geviert kann seinen Charakter als ehemalige Kaserne nicht verleugnen – und will es auch nicht. Die ehemaligen Taukkunen Barracks haben sich nach gelungener Konversion zu einem attraktiven Quartier mit hochwertigem Hotel, Event-Gastronomie, Reha-Klinik, Tanzschule, Kunsthaus mit vielen Ateliers und Ausstellungsräumen und vielen weiteren Angeboten entwickelt.

Ein Mosaik von Bischof Burchard aus der Nachkriegszeit erinnert an den verschwundenen Dombezirk. Es befindet sich an einer Hauswand an der Dom-Südseite.

Nach dem Weinbergkreisel entdecken wir auf der rechten Seite nun die Lukaskirche. Sie ist ein Werk des weit über die Grenzen Deutschlands hinaus bekannten Kirchenbaumeisters Professor Otto Bartning, der nach dem Krieg einen Notkirchentyp erdachte. Er wurde aus serienmäßig vorgefertigten Teilen gebaut, zweckmäßig, doch zugleich den liturgischen Anforderungen genügend. Die Bauleitung hatte Philipp Hotz, der auch die markante, aus Sandstein gemauerte Giebelfassade mit dem vorspringenden Eckturm entwarf. Der gesamte Kirchenbau wird von sieben Holzbändern in sechs Teile unterteilt. Durch einen kleinen Vorraum, über dem sich eine Empore befindet, gelangt man in die eigentliche Kirche. Das Fensterauge über dem Altar korrespondiert mit der Rose im Turm. Die bunten Glasfenster des Mannheimers Hans Nagel stellen die christlichen Feste dar. Der Wormser Künstler Gustav Nonnenmacher hat Kanzel und Lesepult gestaltet.

Dies Rückfahrt zum Hauptbahnhof ist mit den Linien 406 und 411 möglich.

11. Die gute Stube von Worms

Auf den Spuren derer von Dalberg und von Heyl

Nepomuk (Herrnsheimer Hauptstraße) – Storchenturm im Schaukel- bzw. Sportpark – Kirche St. Peter – Schlosspark mit Schloss – (Gottliebenkapelle)

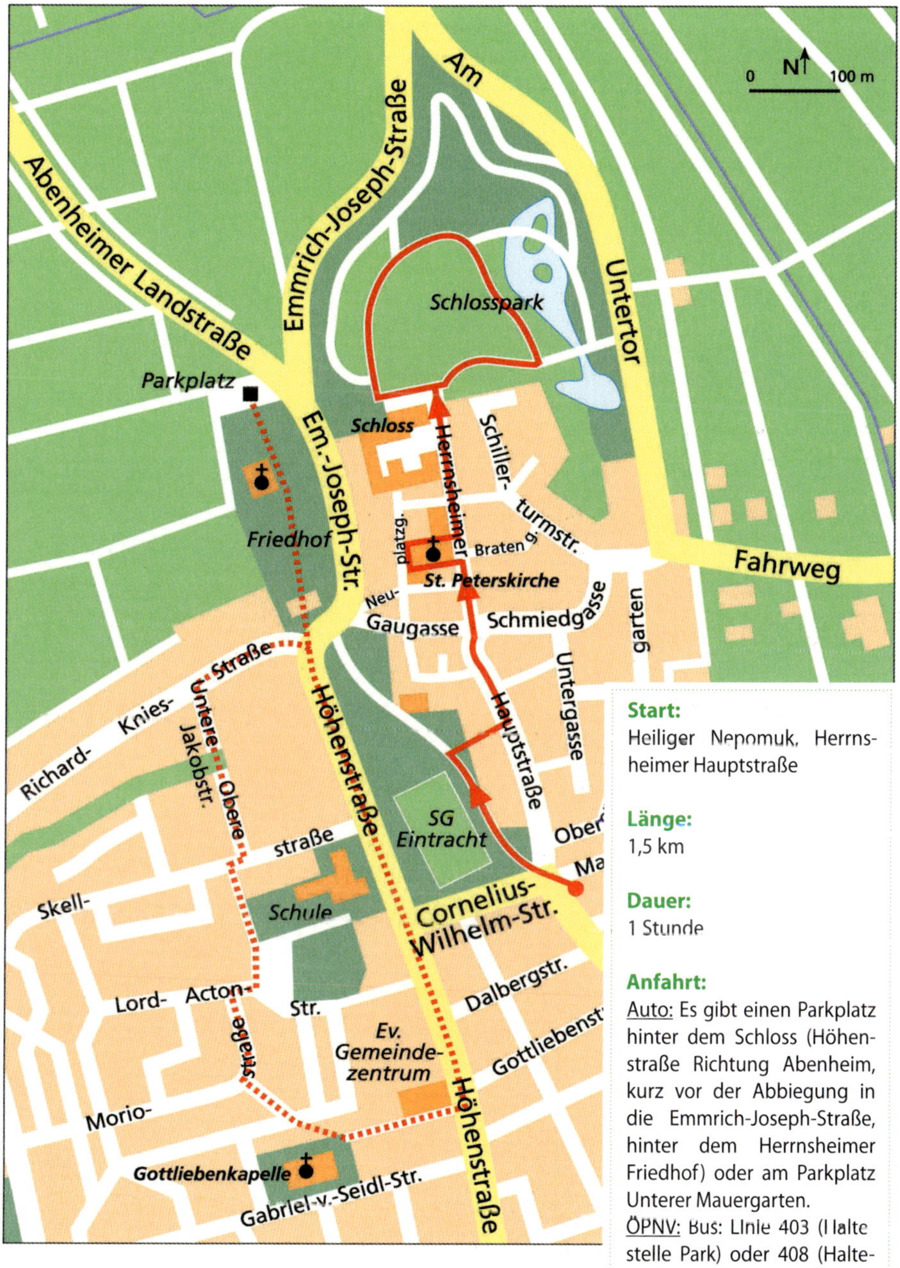

Start:
Heiliger Nepomuk, Herrnsheimer Hauptstraße

Länge:
1,5 km

Dauer:
1 Stunde

Anfahrt:
Auto: Es gibt einen Parkplatz hinter dem Schloss (Höhenstraße Richtung Abenheim, kurz vor der Abbiegung in die Emmrich-Joseph-Straße, hinter dem Herrnsheimer Friedhof) oder am Parkplatz Unterer Mauergarten.
ÖPNV: Bus: Linie 403 (Haltestelle Park) oder 408 (Haltestelle Richard-Knies-Straße Ost)

Der Stadtteil Herrnsheim, erstmals 771 im Lorscher Codex erwähnt, aber vermutlich sehr viel älter, besitzt eine besondere Anziehungskraft. Die Ursache für diesen Charme liegt im Kontrast zwischen der engen Altbebauung in den Gässchen und der Eleganz der klassizistischen Schlossanlage, der Spannung zwischen Bauern und Handwerkern und den residierenden Herren von Dalberg, die vom Mittelalter bis ins 19. Jahrhundert das Ortsleben bestimmten. Heute ist allerdings der Ausgleich zwischen herrschaftlichen Gebäuden und engen Höfen durch die Gestaltung des Parks geschaffen, der als Englischer Garten eine Oase der Erholung darstellt und Veranstaltungsort mancher reizvoller Feste ist.

i

Die Schlossbesitzer

Die Vorfahren der Dalbergs tauchen erstmalig im 13. Jahrhundert in Worms auf. 1239 wurden sie mit dem Amt des bischöflichen Kämmerers erblich belehnt und hatten ihre Höfe in der heutigen Kämmererstraße. Um 1400 gelangten sie in den Besitz der Burg Dalberg im Gräfenbachtal bei Bad Kreuznach, daher ihr Name. 1357 erhielten sie Herrnsheim von den Grafen von Leiningen als Lehen. Endgültig dalbergische Residenz wurde das Dorf gegen Ende des 15. Jahrhunderts. Philipp Kämmerer von Worms genannt von Dalberg ließ um 1460 eine Burg erbauen an der Stelle, wo heute das Schloss zu finden ist, und in den folgenden Jahren auch eine Familiengrablege in der Kirche St. Peter installieren. Von 1500 bis 1803 war Herrnsheim unter der Führung der Herren von Dalberg gleichsam ein eigener Staat.
Philipp hatte eine Vielzahl berühmter Nachkommen, unter anderem den Wormser Humanistenbischof Johann von Dalberg (1445–1503), der den heute nicht mehr existenten Kreuzgang an der Domsüdseite anbauen ließ und besonders erbitterte Auseinandersetzungen mit der Stadt führte. Er war es wohl, der das um 1494 verbriefte Recht des ersten Ritterschlags im Anschluss an die Kaiserkrönung in Rom bewirkte. Erst wenn die Frage „Ist kein Dalberg da?" dreimal gestellt und nicht beantwortet worden war, durfte mit dem Ritterschlag begonnen werden.
Für Worms von Bedeutung ist weiter Wolfgang Heribert von Dalberg (1750–1806), der als Intendant des Mannheimer Nationaltheaters Schillers „Räuber" uraufführte, und seine nicht weniger berühmten Brüder, Friedrich Hugo und Carl Theodor. Sein einziger Sohn, Emmrich Joseph (1773–1833) war der letzte Dalberg der Herrnsheimer Linie. Er trat unter Napoleon in französische Dienste ein und brachte Pariser Flair ins Herrnsheimer Schloss. Sein Enkel schließlich, Lord John Dalberg-Acton, ein bedeutender Gelehrter, musste den Besitz 1883 verkaufen, weil er hoch verschuldet war. Der neue Eigentümer war Cornelius Wilhelm Heyl, der drei Jahre später in den Adelsstand erhoben wurde und sich ab dann Freiherr von Heyl zu Herrnsheim nennen durfte. Lange konnte sich die Industriellenfamilie der Pracht allerdings nicht erfreuen. Im Zweiten Weltkrieg wurden die Fabriken der Familie weitgehend zerstört, die Lederindustrie verlor an Bedeutung. 1958 kaufte die Stadt Worms das Gebäude samt Park.

Wir starten beim Brückenheiligen **Nepomuk** in der Herrnsheimer Hauptstraße (Nähe Einmündungen Cornelius-Wilhelm-Straße/Am Mauergarten), wo sich – heute noch deutlich erkennbar – das Wormser Tor, einer der drei Eingänge des ehemals ummauerten Herrnsheim, befand. Ein paar Schritte links davon gelangt man in den Sport- oder auch Schaukelpark. Diese ungewöhnliche Bezeichnung beschreibt die Funktion des Parks und dient zur Unterscheidung vom Schlosspark. Rechterhand können wir ein Stück weit dem

Tipp

Kinder können im Schaukelpark wie im Schlosspark ungehindert toben.

Dorfgraben folgen, erstmals 1445 erwähnt, bis wir zum **Storchenturm** gelangen, der der am besten erhaltene Überrest der nur noch in Teilen sichtbaren mittelalterlichen Dorfbefestigung Herrnsheims ist. Heute begeht man das Gebäude quasi durchs „Fenster" des ehemals ersten Stockwerks, früher war es durch die tiefer gelegene Herrnsheimer Hauptstraße zugänglich.

Bereits zur Zeit Philipps von Dalberg diente der Turm nicht mehr ausschließlich militärischen Zwecken. Durch einen Umbau erhielt er das runde Treppentürmchen und wurde um acht Meter erhöht, indem ihm der heutige viereckige Helm aufgesetzt wurde. Dadurch dass der Zinnenkranz nach außen verschoben wurde, war jetzt ein Umgang möglich.

Wie durch ein Wunder blieb dieses Wahrzeichen Herrnsheims, das seinen Namen nach dem mittlerweile leider nach unbekannt verzogenen Freund Adebar hat, im Erbfolgekrieg verschont. Emmrich Joseph von Dalberg ersetzte das Fenster im ersten Stock durch ein großzügiges Portal zum Schlosspark hin, während er den ehemaligen Eingang zum Ortskern hin mit Schutt und Erde verfüllen ließ. Beim Umbau ließ der Bauherr übrigens Bauteile vom Kreuzgang des Wormser Doms verwenden, der 1830 abgebrochen worden war. Der Storchenturm wurde 1986 vom Heimatkreis renoviert, brannte wenig später durch Unachtsamkeit aus und wurde daraufhin ein zweites Mal restauriert. Heute dient das Bauwerk, das über eine Wendeltreppe mit zwei weiteren Stockwerken verbunden ist, als Veranstaltungsort für kleine Veranstaltungen, Ausstellungen und vieles mehr.

Früher konnte man über das 1824 erbaute Pariser Tor in den im Norden liegenden Schlosspark hinübergelangen. Dieses Tor wurde leider in den 50er Jahren abgerissen, um den bäuerlichen Fahrzeugen die Durchfahrt zu erleichtern. Wir wenden uns deshalb nach rechts und steigen über eine steile Steintreppe hinab zur Herrnsheimer Hauptstraße. Unser Blick fällt rechter Hand auf schöne alte Höfe, die in den letzten Jahren eine große Aufwertung durch sorgfältige Renovierung erfahren haben. Besonders gelungen ist das Ensemble Hausnummer 51 mit seinem geradezu südlichen Flair. Hier bieten mehrere Geschäfte ausgesuchte Mode, Blumen und Geschenke an. Direkt gegenüber dem Abstieg aus dem Park hat sich eine Kunstgalerie etabliert.

Auf der linken Seite befindet sich das ehemalige „Gasthaus zum Löwen", ein reizvolles Barockhaus mit Fachwerk. Wir überqueren die kleine Gaugasse, die ehemals die Hauptverkehrsachse in Richtung Osten war,

Am heiligen Nepomuk beginnt unsere Tour durch Herrnsheim.

Dank der Sanierung durch den Heimatkreis geriet der Storchenturm zu einem wahren Schmuckstück.

Tipp

Bummel durch Herrnsheim

Wer ein bisschen Zeit mitgebracht hat, sollte auch einen Bummel durch die kleinen Gassen von Herrnsheim machen. Ein Stück der alten Fleckenmauer gibt es noch hinter dem Schillerturmstraße zu sehen. In der Straße „Am Mauergarten" findet sich ein denkmalgeschützter alter Torbogen.

Kirche St. Peter

Pfarramt:
Herrnsheimer Hauptstr. 18
67550 Worms-Herrnsheim
Tel. 06241/58962
Öffnungszeiten:
täglich über den nördlichen Seiteneingang, gegebenenfalls Nachfrage im Pfarramt

Die mächtige Kirche St. Peter war früher Residenzkirche der Dalberger.

und passieren den Zehnthof, der samt Zehntscheuer ab dem 13. Jahrhundert nachweisbar ist, aber höchstwahrscheinlich schon sehr viel früher existierte. Er gehörte über Jahrhunderte zum Cyriakusstift im heutigen Stadtteil Neuhausen und war in reformatorischer Zeit immer wieder ein Zankapfel zwischen den Ortsherren und dem Kurfürsten von der Pfalz. Das Anwesen wurde vor wenigen Jahren zur Seniorenresidenz umgebaut.

Neben dem Zehnthof erhebt sich mächtig die Pfarrkirche **St. Peter**, die 1221 erstmalig genannt wurde, aber sicher einen sehr viel älteren Ursprung hat. Ehemals romanisch, wurde sie 1470 in gotischen Formen umgebaut. Der bereits erwähnte Bauherr, Philipp von Dalberg, verpflichtete dazu den angesehenen Baumeister Jakob von Landshut. Dessen qualitätvolle Arbeit lässt sich am eindruckvollsten in der Dalberg- oder auch Ursulakapelle nachvollziehen, die damals zur herrschaftlichen Grablege ausgebaut wurde. Hier ist neben dem Epitaph Philipps und seiner Ehefrau Barbara von Flörsheim unter anderem auch eine schlichte Stele mit der Büste Emmrich Josephs, des letzten Dalberg-Namensträgers und Bauherrn des Empire-Schlosses, zu sehen. Interessant ist bei dieser Dorfkirche, die zugleich Residenzkirche war, wie sie über die Jahrhunderte hinwegwuchs. An Jakob von Landshuts spätgotische Kirche wurde Ende des 19. Jahrhunderts zunächst die Herz-Jesu-Kapelle angefügt. 1904/1905 wurde ein Querhaus so breit wie die ganze Kirche in neugotischem Stil angebaut. Der spätgotische alte Altarraum wurde abgetragen und auf einem neu errichteten Unterbau originalgetreu wieder aufgebaut. Bei diesem Umbau ging der Mainzer Architekt August Greifzu so geschickt und stilsicher vor, dass man den Innenraum als gelungene Einheit erlebt. Der reich verzierte Flügelaltar ist übrigens ebenfalls ein Werk aus dieser Zeit. Sein Vorgänger, der barocke Hochaltar von Johann Caspar Herwartel, musste dafür seinen angestammten Platz räumen, fand aber glücklicherweise eine neue Heimat in der Dominikanerkirche St. Paul in Worms.

Ein Kleinod der barocken Baukunst ist das katholische Pfarrhaus in der Herrnsheimer Hauptstraße 18, das 1734 erbaut wurde. Über dem schönen Portal prangt das Allianzwappen der Familien Dalberg und Eltz und darüber eine Figurennische mit einer Madonna. Ansehnlich ist auch das heutige Rathaus neben der Kirche.

Jeden dritten Sonntag, 14 – 16 Uhr, ist das sogenannte Schusterhäuschen direkt gegenüber zu besichtigen, das der Herrnsheimer Heimatkreis hergerichtet hat. Hier wird mit allerlei Gerätschaften an die alten Handwerke zu Zeiten der Dalbergherrschaft erinnert.

Nach wenigen Schritten sind wir nun am schmiedeeisernen Tor des **Schlossparks** angekommen. Heutzutage ist es gastlich geöffnet, früher, als der Park angelegt wurde, wollten die Herrschaften gerne unter sich sein. Deshalb wurde die gesamte Anlage mit einem Staketenzaun umgeben. Die Herrnsheimer Hauptstraße führte ehemals geradeaus in Richtung Osthofen und trennte das Schloss vom barocken Lustgarten. Als Friedrich Ludwig Sckell 1778 mit der Gestaltung des Schlossparks begann, verlegte er die Straße kurzerhand und führte sie im Bogen um das Gelände herum.

Bevor wir den Park betreten, gelangen wir in den Schlosshof, der mit einer Reihe von schönen Nebengebäuden und der gepflegten Orangerie eine reizvolle Einheit bildet. Während das Hauptgebäude bereits 1981/1982 renoviert wurde und seither der Stadt Worms mit seinem noblen Ambiente als Ort für Empfänge, Feste und Konzerte, neuerdings auch für standesamtliche Trauungen dient, wurden der Seitenflügel und die übrigen Gebäude erst vor Kurzem fertiggestellt. Rechts am Eingangstor steht der Kronenbau, links schließen sich der Soldatenbau und eine offene Scheune mit einem aufwendigen Giebel an, der mit dem Dalberg-Eltz-Wappen geschmückt ist. Die Arbeit könnte aus dem Schülerkreis der Mannheimer Bildhauers Paul Egell stammen. Im Wandstück zwischen den beiden großen Toreinfahrten hat ein Brunnen mit der

Das katholische Pfarrhaus.

Schloss Herrnsheim
Herrnsheimer Hauptstr. 1
67550 Worms-Herrnsheim
Tel. 06241/25045
Führungen:
jeden 3. Sonntag im Monat, 10.30 h
Weitere Information:
Tourist Information Worms
Neumarkt 14
67547 Worms
Tel. 06241/25045
Fax 06241/26328
E-Mail: touristinfo@worms.de

Vor der Orangerie in der Sonne sitzen und eine Tasse Kaffee trinken oder einen Eisbecher schlecken – nichts könnte entspannender sein!

Anmutiger Blickfang im Schlosspark: der kleine Amor.

Tipp

- Orangerie im Schlosspark
Herrnsheimer Hauptstr. 1
67547 Herrnsheim
Tel. 06241/8491947
Öffnungszeiten:
Mi – Mo: 11.30 – 14 h,
ab 17.30 h
So durchgehend

Figur des „Vaters Rhein" Platz gefunden. Es schließt sich im rechten Winkel der Försterbau (Chateau Schembs) an, in dem häufig niveauvolle Veranstaltungen stattfinden. Wie die Remise nebenan kann er auch für Veranstaltungen verschiedenster Art gemietet werden.

Rechter Hand lockt die Orangerie, 1812 nach Plänen des Mannheimer Architekten Jakob Friedrich Dyckerhoff errichtet, die lange Jahre nur noch als Ruine existierte und in den letzten Jahren zum attraktiven Restaurant Café ausgebaut wurde. Die weißen Löwen, die am Eingang Wache halten, sind Kunststein-Kopien. Sie ersetzen die empfindlichen Terrakotta-Originale, auf denen schon Generationen von Kindern ritten.

Das heutige Schloss hat eine lange Baugeschichte, die bis in die Zeit des bereits mehrfach erwähnten Philipp von Dalberg reicht. Es soll ursprünglich eine Wasserburg gewesen sein, der Unterbau des runden Turms an der Westseite stammt noch aus dieser Bauphase. 1689 wurde dieses erste Schloss wie auch die Stadt Worms von den Franzosen zerstört. Ab 1711 entstand unter Wolfgang Eberhard von Dalberg eine vornehme Barockanlage mit Park nach Norden im Stil der damaligen Zeit. Als Architekt fungierte der Mainzer Caspar Herwartel, später wurde noch der Mannheimer Schlossbaumeister Jean Clemens Froimons hinzugezogen. Wolfgang Heribert von Dalberg, Kurpfälzischer Rat und Mannheimer Theaterintendant, ließ dann 1790 das Schloss innen gründlich renovieren, doch in den Wirren der Französischen Revolution wurden die Stadt Worms und auch das Schloss Herrnsheim erneut verwüstet. Wolfgang Heriberts Sohn Emmrich Joseph, der den Besitz 1806 erbte, beauftragte Jakob Friedrich Dycker-

i

Elegantes Innenleben im Herrnsheimer Schloss

Die schönen Räume im Empirestil sind nur im Rahmen einer Schlossbesichtigung zu sehen. Bei Festlichkeiten hat man zumindest Zugang zum Erdgeschoss, wo sich der repräsentative Blaue Saal befindet, so genannt nach der vorherrschenden Farbe. Daran schließen sich weitere kleinere Räume an, darunter auch das ehemalige Esszimmer mit großen Flügeltüren zur Terrasse und einem herrlichen Blick in den Park sowie der Pompejanische Saal, ausgemalt im Stil der Villen von Pompeji, das damals gerade entdeckt worden war. Alle Zimmer haben noch den wertvollen Originalparkettfußboden, der, weil er nicht nur unter der französischen Besatzungsmacht, sondern später auch unter eleganten Damenpumps gelitten hat, heute von Teppichboden bedeckt ist. Unter den zahlreichen Gemälden, die überwiegend Herrscherpersönlichkeiten darstellen, findet sich auch ein Gemälde von Anselm Feuerbach. Besonders sehenswert ist das außergewöhnliche Treppenhaus mit Säulen im ionischen und dorischen Stil und einer als halbkreisförmiges Zeltdach gestalteten Deckenfläche. Nicht zu vergessen im Obergeschoss die französischen Papiertapeten, die wohl Anfang des 19. Jahrhunderts von der Manufaktur Dufour & Leroy hergestellt wurden. Sie zeigen Ansichten von Paris – immerhin lebte der damalige Besitzer Emmrich Joseph in der Seinestadt – und Istanbul. Ein wahrer Leckerbissen ist schließlich der dreistöckige runde Bibliotheksturm, der ringsum mit Bücherregalen ausgestattet ist.

hoff mit der Wiederherstellung des Anwesens 1808 bis 1814 und 1820 bis 1824. Der namhafte Architekt bezog zwar Teile des barocken Bauwerks in seine Planung ein, verfolgte aber ein völlig neues Konzept mit einer klassizistischen Raumaufteilung. Seine heutige Gestalt erhielt das Schloss schließlich 1840 bis 1845 durch einen Umbau nach Plänen des Mainzer Baumeisters Ignaz Opfermann. Auftraggeber waren Lord Leveson und seine Gattin Marie Louise Leveson, Tochter von Emmrich Joseph von Dalberg.

Durch ein schmiedeeisernes Tor gelangt man jetzt in den hügeligen Park, der sanft zu mehreren Teichen abfällt. Emmrich Joseph von Dalberg hat den berühmten Gartenarchitekten Friedrich Ludwig Sckell mit der Neugestaltung des ehemals barocken Parks im Stil der Englischen Landschaftsgärten beauftragt. Wir halten uns rechts und entdecken zunächst den hübschen weißen Pavillon, der erst in den letzten Jahren wieder errichtet wurde. Schräg dahinter, ein wenig verdeckt, steht Siegfried, der Drachentöter: Das Original ist auf dem Siegfriedbrunnen am Marktplatz zu finden. Ein Stück weiter ragt der Schillerturm aus dem Gebüsch. Ehemals Teil der Stadtbefestigung, wurde er im Auftrag Emmrich Josephs restauriert. Dass Friedrich Schiller jemals in diesem Turm gesessen und gar darin an seinem „Don Carlos“ geschrieben hat, konnte bis heute nicht bewiesen werden. Doch was tut das zur Sache? Emmrich Josephs Vater Wolfgang Heribert hat auf jeden Fall die Urauffüh-

Heimatmuseum im Schusterhaus
Herrnsheimer Hauptstr. 13
Öffnungszeiten:
an jedem 3. Sonntag
im Monat 14 – 16 h

Der kleine Pavillon ist einer der vielen schönen Hingucker im Schlosspark.

Blick in den sommerlichen Schlosshof

Tipp

Gottliebenkapelle in Herrnsheim

Die Familie von Heyl hat ein kleines Juwel in Herrnsheim hinterlassen, die neoromanische **Gottliebenkapelle**, 1891 erbaut von dem Künstler Gabriel von Seidl und ausgemalt von Otto Hupp. Die Gruft unter dem kleinen Kreuzgang dient als Familienbegräbnisstätte. In der kleinen Kirche, die normalerweise nicht zugänglich ist, finden immer mal wieder Konzerte und Lesungen statt. Die Kapelle in der Höhenstraße ist zumindest aber von außen zu besichtigen.

Herrnsheimer Badesee

Ende Mai bis in den September, täglich von 9 – 19 Uhr.
Eintritt:
1,50 € für Erwachsene
1 € für Kinder.

Flyer mit Rundwegen durch die Herrnsheimer Klauern

sind erhältlich bei der Tourist-Information in Worms, aber auch bei Dieter Arnold (06241/955309) im Heimatmuseum Schusterhaus, Herrnsheimer Hauptstr. 13, und bei der Ortsverwaltung Herrnsheim, Herrnsheimer Hauptstraße 9
Öffnungszeiten:
Mo – Do: 15 – 18 h,
Di, Mi, Fr: 9 – 12 h

rung der „Räuber“ inszeniert. Heute stellt der Herrnsheimer Künstler Walter Schembs gelegentlich dort aus.

Wir promenieren vorbei an den ruhigen Weihern, auf denen Enten und andere Wasservögel ihre Kreise ziehen, überqueren anmutige Brücken, genießen den Blick auf die Idylle der sogenannten „Rousseau-Insel“ und den reichen alten Baumbestand. Nicht mehr erhalten ist das Badehaus mit dem Marmorboden, in dem sich die Herrschaften – mangels Gelegenheit im Schloss – reinigten und pflegten. Seit Kurzem ist leider auch das Teehäuschen, das zwar außerhalb stand, aber von der Schlossterrasse aus eine wichtige Blickachse nach Norden darstellte, verschwunden. Es fiel einem Brand zum Opfer. Ein reizvoller Blickfang ist der kleine geflügelte Liebesgott oberhalb der Amorquelle. Andere Figuren wie etwa die Jagdgöttin Diana, die den Park beleben, wurden erst kürzlich restauriert und lassen sich nun durch eine unempfindliche Kopie vertreten.

Beschließen kann man den Rundgang durch Herrnsheim mit einem Besuch der Orangerie.

Abstecher:

Herrnsheimer Badesee

Für Erholungssuchende bietet sich der Herrnsheimer Badesee an, ein idyllischer Naturweiher, der ehrenamtlich vom Heimatkreis betrieben wird und eine sehr gute Wasserqualität hat. Er liegt etwa 200 m auf der linken Seite hinter der Ortsausfahrt Herrnsheim, Richtung B9, am Fahrweg.

Herrnsheimer Klauern

Vom Herrnsheimer Badesee aus ist auch ein Spaziergang in die Herrnsheimer Klauern möglich – die Klauern sind der noch verbliebene Saum des ehemaligen Auwaldgebiets und heute durch einen Waldlehrpfad erschlossen.

Der Heimatkreis hat in Zusammenarbeit mit dem Arbeitskreis für Grünordnung und Landschaftspflege weitere Rundwege entwickelt, die in einem übersichtlichen Flyer beschrieben sind.

12. „Wegen des herrlichen Weins weitberühmt"
Neun-Türme-Weg in der ehemaligen Freien Reichsstadt Pfeddersheim

Aulturm – Pulverturm – Türturm – Johannisturm – Simultankirche – katholisches Pfarrhaus – Hoher Turm – Sprenger – Sarkophag vom Georgenbergkloster – Bürgerturm – Eckturm – Roter Turm – Synagoge

Pfeddersheim, eingemeindet seit 1969, ist der größte Stadtteil von Worms, doch hat sich die ehemalige Freie Reichsstadt, die zwischen 1304 und 1308 Stadtrecht erhielt, ihren Stolz bewahrt und legt Wert auf Eigenständigkeit, soweit es möglich ist. Wer sich den Merian-Stich von 1645 anschaut, sieht, dass die Stadt sich damals gut zu schützen wusste durch eine Mauer mit zahlreichen Türmen. Merian beschreibt „Pfedersheim" als „Stättlein, ein Meilwegs von Wormbs … und wegen des herrlichen Weins, so allda wächst, weit berühmbt." Wie gut der Pfeddersheimer Wein schmeckt, wusste schon Bischof Chrodegang vom Metz, der dem Kloster Gorze 754 die Pfeddersheimer Kirche vermachte. Darüber hinaus darf sich die Stadt darauf berufen, die älteste Urkunde über den Anbau von Riesling zu besitzen. Sie stammt aus dem Jahr 1511. Aber auch in neuerer Zeit hat sich Pfeddersheim „vinologisch" einen Namen gemacht, denn hier, im Kellergewölbe des Hauses Paternusstraße 32, hat Georg Scheu als langjähriger Leiter der Pfeddersheimer Rebzuchtstation Versuchsweine und Rebsetzlinge gezüchtet, unter anderem die nach ihm benannte, berühmte Scheurebe. Kein Wunder also, dass auch heute noch der Wein in Pfeddersheim eine große Rolle spielt, ob beim Weinbrunnenfest, beim Pfeddersheimer Markt oder beim Wein-Walk.

Wir starten unseren Rundweg entlang der Stadtmauer in der kleinen Burgstraße am **Aulturm**, der heute noch bewohnt ist und gerade renoviert wurde. Er ist einer von heute noch neun Wehrtürmen, die überwiegend aus der Zeit um 1500 stammen. Eine erste einfache Ortsbefestigung gab es schon im 13. Jahrhundert; sie wurde später erweitert und verbessert. Auf einem Stadtplan

Start:
Kleine Burgstraße, Worms-Pfeddersheim (schräg gegenüber Friedhof)

Länge:
3 km

Dauer:
1–1,5 Stunden

Anfahrt:
Auto: Parkplätze gibt es am Friedhof (ausgeschildert)

ÖPNV: Bus: Linie 405 (Spätlinie 415), Haltestelle Friedhof oder Allee
Bahn: Regionalbahn (Rheinhessenbahn) von Worms Hauptbahnhof Richtung Monsheim/Alzey/Bingen

Der Aulturm war früher ein gefürchtetes Gefängnis.

Der Pulverturm ...

... und der Türturm.

von 1525 sind außer den drei Stadttoren im Verlauf der Ringmauer zehn Wehrtürme und eine Vielzahl von Halbtürmen dargestellt. Diese Befestigungsanlagen wurden ergänzt durch einen vor allem im Norden tief ausgeschachteten Stadtgraben, der in westlicher Richtung noch heute als ausgeprägter Geländeeinschnitt erkennbar ist. Der Aulturm, aus Hausteinen aufgebaut, galt in früherer Zeit als das am meisten gefürchtete Gefängnis.

Weil der Aulturm selbst uns den Weg in die Aulstraße abschneidet, folgen wir der kleinen Burgstraße, wo der hübsche runde **Pulverturm** schon wartet, in dem früher die Freie Reichsstadt ihre Pulvervorräte aufbewahrte. Auch der dritte Turm auf unserem Rundgang in westlicher Richtung (Burgstraße) ist ein Rundturm. Er hat im Volksmund den Namen **Türturm**, weil sich auf halber Höhe ein markanter eselsrückenähnlicher Türeingang befindet, der nur über eine Leiter zu erreichen ist. Der Turm stand genau in der Mitte zwischen dem Aulturm und dem Nordeingang der heutigen Leiselheimer Straße, ehemals „Herrnsheimer Pforte", die im Jahr 1820 ebenso abgerissen wurde wie die Monsheimer Pforte im Westen und die Wormser Pforte im Süden.

Wenn wir die Leiselheimer Straße überqueren, stoßen wir in der St.-Georgen-Straße auf den rechteckigen **Johannisturm** mit seinem charakteristischen Turmhelm. Er liegt etwas verborgen in einem Garten und harrt noch dringend der Sanierung. Besser ist er zu sehen, wenn man den schönen Fußweg oberhalb der St.-Georgen-Straße mit Blick in die Pfeddersheimer Gartenlandschaft wählt, der übrigens Teil des rheinhessischen Jakobsweges ist.

Der Turm hat einen gezinnten Umgang und ist mit einem vorspringenden Rundbogenfries geschmückt. Im Bauernkrieg von 1525 spielte er eine große Rolle. Damals stand die Pfeddersheimer Bürgerschaft auf der Seite der unterdrückten Bauern, die am Vorabend der Reformation für mehr Freiheiten und Rechte stritten, und ließ sie ein in die Stadt. Hier kam es mit dem Heer des pfälzischen Kurfürsten zur entscheidenden Schlacht, die sich vor allem am St.-Georgen-Berg abspielte. Dabei wurden mehrere Tausend Bauern erstochen, viele ihrer Rädelsführer auf dem Pfeddersheimer Kirchplatz hingerichtet. Die Friedens-Stele des Wormser Künstlers Horst Rettig erinnert daran.

Die Pfeddersheimer Kirche, sehr reizvoll oberhalb des alten Marktplatzes gelegen, ist eine Rarität, denn sie ist bis heute eine **Simultankirche**. Bereits im 8. Jahrhundert, in fränkischer Zeit, stand hier schon ein Gotteshaus, das der Maria geweiht war. Im Kern dürfte diese Kirche romanisch gewesen sein, erlebte aber wohl eine gotische Überformung. Ihr wehrhafter Bau lässt darauf schließen, dass sie die gleiche Funktion wie die Stadtmauertürme hatte. Traurige Berühmtheit erlangte sie, weil hier in der Nacht vom 23. auf den 24. Juni 1525 die aufständischen Bauern eingesperrt waren.

Beim Wiederaufbau nach der Zerstörung im Pfälzischen Erbfolgekrieg, bei der nur der Turm und die Fundamente erhalten blieben, erhielt die katholische Gemeinde den alten Chorraum, der 1789 nach Osten durch einen Altarraum erweitert wurde. Das Dach wird seither von einem kleinen Dachreiter mit barocker Zwiebelhaube gekrönt. Die ehemals reformierte, jetzt evangelische Kirche wurde auf den Fundamenten des früheren Schiffs errichtet. 1931 wurde im Westen der Chorraum angebaut. Während die Katholiken zu Klängen einer Stumm-Orgel singen können, verfügen die Protestanten über eine Walcker-Orgel und als besonderes Bonbon eine Organola: Das ist eine mechanische Orgel, die Choräle auf Lochstreifen abspielt.

Über die Jochen-Klepper-Straße kann man nun einen Abstecher zum **katholischen Pfarrhaus** in der Karlstraße machen, das aus der Mitte des 18. Jahrhunderts

Der Johannisturm.

Tipp

Mit dem Rad nach Pfeddersheim

Wer die Erkundung von Pfeddersheim mit einer Radtour verbinden möchte, kann den Weg entlang der Pfrimm wählen. Ab der Bebelstraße in Neuhausen führt ein Platanenweg zum Pfrimmpark, der eine der schönsten grünen Oasen in Worms ist. Um 1900 von dem Wormser Industriellen Karl Bittel für die Bevölkerung gestiftet, ist er im Stil eines Landschaftsparks angelegt, der vom idyllischen Lauf der Pfrimm bestimmt wird. Graziöse Brücken, ein Rosenrondell mit altem Turm, das Mausoleum der Familie Bittel, grüne Wiesen im Wechsel mit hohen Bäumen und ein großer Spielplatz im vorderen Teil bieten für jeden etwas. Wir radeln am sogenannten Ochsenklavier vorbei – das ist eine steinerne Furt kurz vor einem Wehr mit Brücke – und können auf dem Damm oder daneben durch Streuobstwiesen und Schrebergärten in Richtung Leiselheim fahren. Von dort aus lässt sich der Weg nach Pfeddersheim nicht verfehlen. (Fußweg 7 km, 1 Std. 25 Minuten, Auto: ca. 7,1 km, 11 Minuten).

Der Sprenger mit seinem leuchtend gelben Fachwerkgeschoss wurde vollständig restauriert und wird bewohnt.

stammt. Eine Freitreppe führt zur Eingangstür mit schwungvoller Rokokorahmung. In einer Wandnische darüber steht eine anmutige Madonna mit Kind. Stattliche Höfe aus dem 16. bis 18. Jahrhundert sind überwiegend in der Karlstraße, Schlossstraße und Paternusstraße zu bewundern. Wer der Karlstraße in westlicher Richtung folgt, stößt auf die Lutherstraße und kann hier, wieder auf die Stadtmauer zugehend, einen Blick auf die ehemalige lutherische Kirche richten, die 1714 erbaut wurde und heute Gemeindezentrum ist. Rechts bietet sich der Alte Friedhof, heute ein Park mit großem Spielplatz und einem Denkmal für die Veteranen der napoleonischen Kriege, für eine kleine Verschnaufpause an.

Wir befinden uns nun im Cästrich und stehen vor dem sogenannten **Hohen Turm**, der seinen Namen von der höchsten Stelle der früheren Stadtbefestigung hat. Weil es sich hier um eine strategisch besonders wichtige Stelle handelte, wurde die Wehr früher mit fünf Halbtürmen verstärkt, die heute nur noch ansatzweise erhalten sind. In diesem Bereich finden sich auch noch Mauerreste. In der nordwestlichen Biegung der Straße steht der viergeschossige, runde **Sprenger**, auch Lenhardsturm genannt. Er ist vollständig restauriert und wurde durch einen Aufsatz in Fachwerkoptik zu Wohnzwecken ergänzt. Überquert man die Paternusstraße jedoch in Richtung Ringstraße, so stößt man auf einen noch erhaltenen, efeubewachsenen Halbturm. Gegenüber erinnert ein Schild daran, dass sich hier das rituelle Bad der Pfeddersheimer Juden befand.

Auf unserem weiteren Rundgang kommen wir am barocken Rathaus vorbei, dem ehemaligen Schloss von Johann Jakob von Orb. Auf der Rückseite des Rathauses begegnet man dem ältesten Zeugnis der Pfeddersheimer Geschichte, einem **Sarkophag vom Georgenbergkloster**. Es war ein Benediktinerkloster, das sich im Besitz des Klosters Gorze bei Metz befand und einen guten Ruf genoss. Hier lagerten während des Bauernkriegs die kurpfälzischen Truppen und beschossen die Stadt. Heute erinnert kein sichtbares Mauerwerk mehr an diese Anlage. Bei Grabungen wurden schlichte Mönchsbestattungen, der Grundriss eines kleinen rechteckigen Gebäudes sowie eben dieser Sarkophag aus rotem Sandstein entdeckt, der aus der Zeit um 1000 stammt.

Tipp

Professor-Bertlein-Schulmuseum

Wer sich für die Pfeddersheimer Geschichte interessiert oder nostalgische Gefühle für das frühere Schulwesen hegt, sollte vom Sprenger aus nach rechts in die Paternusstraße abzweigen und das Professor-Bertlein-Schulmuseum, Heinrich-Schmitt-Platz 2, besuchen. Der dazugehörige Schulgarten befindet sich in der Mörstädter Straße, im Volksmund auch „Bluthohl" genannt. Ein Mahnmal von Simon Knab erinnert daran, dass hier die Bauern im Juni 1525 einen Ausfall wagten – und überwältigt wurden.

Der Sarkophag, der hinter dem Pfeddersheimer Rathaus aufgestellt ist, stammt aus dem ehemaligen Georgenbergkloster.

Wir sehen nun schon den **Bürgerturm**, auch Neuer Turm genannt, dessen Bauinschrift zwar auf das Jahr 1611 verweist, der aber wohl älter ist, weil er auf einem Stadtplan von 1525 schon eingezeichnet ist. Der Bürgerturm gehört der Gemeinde und dient als Raum für kleine Ausstellungen. Hier können auch Trauungen vorgenommen werden.

Ortsverwaltung Worms-Pfeddersheim
Schlossstr. 48
67551 Worms
Tel. 06247/246

Weiter in Richtung Osten (links in die Paternusstraße, rechts Allee, Brückenstraße und Berliner Straße) gelangen wir an den **Eckturm** (Berliner Straße 10), der sich auf dem ehemaligen Bundeswehrgelände befindet. Die Stadtmauer verband ihn mit dem **Roten Turm**, der auf dem ehemaligen Auslass des Mühlbaches steht. Interessant ist das Kreuzgratgewölbe im Erdgeschossraum. Beide Türme wurden renoviert, sind aber derzeit nicht bzw. schwer zugänglich. Ein Zaun trennt sie wie ehemals das Wasser die beiden Königskinder. In der dazwischenliegenden Mauer sind zwei Portale von der „Unteren Mühle" aus dem 18. Jahrhundert zu sehen, die durch ihre Anmut und bildhauerische Qualität gefallen. Über die Straße zum Hochberg gelangt man wieder auf die Leiselheimer Straße.

Der Bürgerturm gehört der Gemeinde und dient nach sorgfältiger Restaurierung für kleine Festlichkeiten und Trauungen.

Wir sind nun wieder ganz in der Nähe des Ausgangspunktes, sollten aber un-

Der Eckturm und der Rote Turm sind die imposanten Endpunke des Pfeddersheimer Neun-Türme-Wegs

Tipp

- Weinhaus u. Restaurant „Küferschänke"

Küferstr. 2
67551 Worms-Pfeddersheim
Tel. 06247/1537
www.kueferschaenke-worms.de
Öffnungszeiten:
Fr + Sa: 18 – 24 h,
So: 11.30 – 15 h
Sehr gute deutsche Küche, Bewirtung im Freien möglich.

bedingt noch einen kleinen Schlenker in die kleine Amthofgasse machen, denn hier befindet sich eine der wenigen erhaltenen rheinhessischen Dorfsynagogen. Sie wurde bis in die 1920er Jahre genutzt. Das hübsche Gebäude mit den hohen halbrunden Fenstern wurde 1843 von der kleinen, aber lebendigen jüdischen Gemeinde gekauft und als Gebetsraum hergerichtet. Eine Wandnische in der Ostwand, säulengeschmückt, heute vermauert, diente als Aaronnische, in der die Thorarolle aufbewahrt wurde. Der Innenraum war von einer hölzernen Tonnendecke überwölbt, im Westen befand sich die Frauenempore mit geschnitztem Sichtgitter. Die ursprüngliche Gestalt des Raumes ist noch heute nachvollziehbar. Betreten wurde die **Synagoge** durch das benachbarte Lehrerhäuschen. Heute wird sie als Weinprobierstube genutzt. Wer möchte, kann nun auch noch den ehemaligen jüdischen Friedhof besuchen, 1832 angelegt mit 65 noch erhaltenen Grabsteinen. Er grenzt an den Kommunalfriedhof, der sich, nahe unserem Ausgangspunkt, in der Leiselheimer Straße befindet.

Links: Die Pfeddersheimer Synagoge gehört zu den wenigen jüdischen Gotteshäusern, die noch in Rheinhessen erhalten sind.

13. Rad- oder Wanderrundweg: Hier bin ich Mensch …
Am Rhein entlang in den Wormser Süden

Hagen-Denkmal (Rheinufer) – Rheinbrücke – Pegelhäuschen – Brückenturm – Schlachthof – Salzstein – Tiergarten – Erlebnisgarten – Hagen-Denkmal

Der Wormser Liebstes ist der Rhein, und das, obwohl die Stadt eigentlich gar nicht am Rhein liegt. Jedenfalls nicht hautnah. Das bemerkte schon Victor Hugo 1840 bei seiner Rheinreise mit unverhohlener Enttäuschung. Die frühmittelalterliche Stadt ging etwa bis zum Pauluskloster, im 13. Jahrhundert wurde sie erweitert bis zum Torturmplatz. Wenn die Wormser damals an den Rhein wollten, mussten sie zunächst die Woogbrücke überqueren, die 2009 wieder entdeckt worden ist und jetzt für künftige Generationen sichtbar erhalten wird, hatten dann ein Stück Wegs vor sich bis zur Gießenbrücke und mussten dann immer noch gut hundert Meter zurücklegen, um zum Strom zu gelangen. Erst Ende des 19. Jahrhunderts hat man den Woog und das Rheinvorland trockengelegt, um den Hafen zu bauen. Danach wuchs die Stadt immer näher an den Fluss heran. Die trotzdem nicht ganz unerhebliche Entfernung hat die Wormser allerdings nie davon abgehalten, zum Rhein zu pilgern ganz im Faustschen Sinne: „Hier bin ich Mensch, hier darf ich's sein".

Start:
Hagen-Denkmal am Rhein

Länge:
variable Route, ca. 15 km

Anfahrt:
Auto: verschiedene Parkplätze am Rheinufer
ÖPNV: Bus vom Hauptbahnhof zum Startpunkt: Linie 410, Haltestelle Rheinpromenade

Tipp

Diese Tour ist ein Eldorado für Kinder.

Eines der bekanntesten Wahrzeichen von Worms ist das Hagendenkmal am Rheinufer.

Holzskulpturen im Stadtpark.

Seit 1932 steht Hagen am Rheinufer – gegenüber dem einzigen Wormser Bouleplatz – und versucht, den Nibelungenhort in den Fluss zu werfen. Immer wieder ist der Schatz gesucht – und nie gefunden worden. Der Künstler Johann Hirt hat die Galvano-Plastik (d.h. sie ist innen hohl) des finsteren Siegfriedmörders, die das beliebteste Fotomotiv für Worms-Touristen ist, schon Anfang des Jahrhunderts geschaffen. Sie stand aber zuerst im südlichen Naherholungsgebiet, im „Wäldchen", wo 1904 rings um den aufgeschütteten „Äschebuckel" (Aschenberg, der aus den Ofeninhalten der Wormser Haushalte bestand) ein „Rosengarten" mit Themen des Rosengarten- und Nibelungenlieds hatte entstehen sollen.

Schon zu Zeiten Victor Hugos gab es, wie er in „Le Rhin – Lettres à un ami" im 26. Brief über seine Rheinreise 1840 geschrieben hat, hier am Rheinufer einen Gasthof, heute laden gleich mehrere gastronomische Betriebe inklusive Strandbar zum Verweilen ein. Vor allem im Sommer herrscht reges Leben und Treiben, nicht zuletzt, weil auch die Wassersport treibenden Vereine in Rheinnähe ihre Domizile haben. Diese traditionsreichen Clubs haben oft eine lange, ruhmreiche Geschichte. Für sie war und ist der Rhein ihr Element. Aber auch die Wormser Jugend durfte im letzten Jahrhundert noch im freien Rhein schwimmen und ließ sich – wenn auch verbotenerweise – gerne von den Schiffen mitziehen. Darüber hinaus gab es mehrere schwimmende Badeanstalten. Die bekannteste war der „Fürst", um den sich viele Legenden rankten.

Alte Wormser wissen auch noch, dass am Rheinufer das Wäscheschiff lag, in dem die „Wormser Waschweiber weiße Wäsche wuschen", wie der bekannte Zungenbrecher lautet.

Wir werfen einen Blick auf die **Rheinbrücke**, die im ersten Jahrzehnt des zweiten Jahrtausends eine moderne Schwester bekommen hat. Die alte Brücke, die Nibelungenbrücke, wurde 1953 eingeweiht und galt seinerzeit als Pionierwerk der Baukunst, weil sie von beiden Seiten Stück für Stück vorgebaut wurde, bis sie in der Mitte zusammenwuchs. Ihre Vorläuferin, die Ernst-Ludwig-Brücke, die ab 1900 Worms mit dem hessischen Ufer verbunden hatte, war in den letzten Kriegstagen gesprengt worden.

Seit 1817 gehörte die rechte Rheinseite zum Großherzogtum Hessen. Schon mit dem Bau der Ludwigsbahn 1853 war die Verbindung zur Landeshauptstadt Darmstadt erleichtert worden. Die Bahn musste damals allerdings über eine Schiffsbrücke übersetzen. An die Zeiten, als man hier noch Maut bezahlen musste, erinnern heute noch die beiden charakteristischen **Pegelhäuschen** am Ende der Rheinstraße. Ihnen hat sogar die Wormser Fastnacht das zündende „Pegelheisje-Lied" (Mechthild Vogel) gewidmet, das regelmäßig bei der Pfingstmarkteröffnung gesungen wird.

Monumentales Werk auf der Brücke ist der **Brückenturm**, eine Nachbildung der Mainzer Pforte, von Stadtbaumeister Karl Hofmann im neoromanischen – oder auch Nibelungenstil – mit vielen Schmuckdetails

Tipp

- Ristaurante al Fiume

Am Rhein 5
67547 Worms
Tel. 06241/8498919
www.al-fiume-worms.de
Öffnungszeiten:
täglich 10 – 23 h
Italienische Spezialitäten, schöne Terrasse an der Rheinpromenade, wunderbare Lage.

Festplatz mit Tradition

Auf der rechten Seite liegt zwischen Stadt und Rhein die Kieselwiese (Kisselswiese), die vor allem Austragungsort des jährlichen Backfischfestes ist. Das größte Wein- und Volksfest am Rhein beginnt jeweils am letzten Samstag im August und dauert neun Tage lang. Neben dem attraktiven Rummelplatz bietet es eine Reihe traditioneller Programmpunkte wie die „Amtsübergabe" des Oberbürgermeisters an den „Bojemääschter vun de Fischerwääd" und seinen Gemeinderat, den großen Umzug am ersten Sonntag mit über hundert Zugnummern, das feucht-fröhliche Fischerstechen am zweiten Sonntag sowie als Abschluss das große Höhenfeuerwerk.
Auf der Kieselswiese finden auch der Pfingstmarkt statt sowie Flohmärkte und diverse andere Veranstaltungen.

Die zweite Rheinbrücke wurde im Herbst 2008 fertiggestellt.

Die alte Rheinbrücke wurde von zwei Brückentürmen flankiert. Bei der Brückensprengung im Mai 1945 wurde der rechtsrheinische Turm zerstört.

erbaut. Wappen weisen auf die Städte hin, in denen die drei hessen-darmstädtischen Provinzialregierungen ihren Sitz hatten: Mainz für Rheinhessen, Darmstadt für Starkenburg und Gießen für Oberhessen. Bis zur Brückensprengung hatte der Turm am hessischen Ufer einen entsprechenden Gegenpart.

Heute sind die Pfadfinder die Herren des Brückenturms, und zu manchen Gelegenheiten, beispielsweise am Tag des offenen Denkmals am zweiten Septembersonntag, darf man hinaufsteigen. Der überwältigende Blick auf den Rhein und die Stadt muss freilich mit einigem Schweiß erkauft werden, denn es gilt viele Treppen zu überwinden!

Der Fuß des Turms wird heute von der 1993 bis 1995 angebauten Rheingütestation genutzt, die hier im Auftrag der Bundesländer Baden-Württemberg, Hessen und Rheinland-Pfalz die Qualität des Rheinwassers ständig beobachtet und untersucht. Wichtigstes Frühwarnsystem für eine besorgniserregende Wasserverschmutzung sind übrigens Wasserflöhe, die auf jede Verunreinigung im Rhein reagieren.

Wir gehen oder fahren unter den beiden Brücken durch und weinen der Badeanstalt „Fürst“, die nach Umzug in den Schirrhafen in der Silvesternacht 2011 auf spektakuläre Weise sank und dem ehemaligen Naturfreundehaus eine kleine Träne nach.

Der Neubau des Wasserschiffsamtes zwingt uns zu einem kleinen Schlenker durch das Gelände des ehemaligen **Schlachthofs** mit interessanten historischen Gebäuden, die noch einer angemessenen Nutzung harren. Der weitere Weg führt durch Industriegelände, dabei entschädigt der Blick auf den Floßhafen mit seinen Booten und der vorgelagerten, bebauten Mole für die kleine, unansehnliche „Durststrecke“. Am sogenannten **Salzstein** teilen sich die Wege und bieten Radlern und Spaziergängern gleich ein Bündel von Optionen. So können wir rechts über den Hammelsdamm durch ein Waldgebiet zum Wormser Tiergarten wandern (zu Fuß 20 Minuten). Wir können uns aber auch geradeaus halten und über den Rheindamm zur Eckbachmündung laufen. Der Damm wird flankiert von einer asphaltierten Straße, die bis zum Oberen Busch befahrbar ist. Und schließlich gibt es einen Feldweg, der hinter dem

Viehhändler und Bauer mit Schlachtvieh: die Skulptur stand am Eingang des alten Schlachthofs.

Jachthafen entlang führt und nach etwa einem Kilometer wieder Fühlung mit dem Rhein aufnimmt. Bei trockenem Wetter ist dieser Weg auch für Radfahrer sehr zu empfehlen.

Im Sommer wird er beschattet von Platanen und Pappeln, mit etwas Glück ist im Mai und Juni die Nachtigall zu hören. Auf dieser Rheinseite ist das Ufer nicht abschüssig, sondern flach und mit Kies und angeschwemmten Muscheln bedeckt. Gerne picknicken die Menschen hier oder liegen in der Sonne. Im Verlauf der Fahrt kommt am gegenüberliegenden Ufer bald der Lampertheimer Altrhein mit dem sich anschließenden Naturschutzgebiet Biedensand in Sicht.

Wir wählen für dieses Mal die kürzere Strecke und gehen oder radeln auf dem asphaltierten Weg bis zur Eckbachüberquerung am Friedrichsweg. Dort gibt es einen Parkplatz, Anlaufstelle nicht nur für Jogger, sondern auch für Inlineskater: In Richtung Westen ist der Rheindamm zurückverlegt worden. Um das begrünte Retentionsbecken führt ein asphaltierter Weg in einer Schleife wieder auf die Straße zurück – ideal zum Skaten. Wir machen jedoch eine Kehrtwendung und nehmen den Friedrichsweg wieder in Richtung Worms. Auf der linken Seite ist ein Fahrradweg, man kann aber auch noch einen kleinen, aber feinen Umweg machen durch den aufgeforsteten Wald vorbei an der Wormser Grillhütte und dem idyllischen Teich des Angelsportvereins Weinsheim.

Idyllischer Weiher im Waldstück hinter dem Tiergarten.

In Höhe des Hammelsdamm können wir über den Damm oder die rechts daneben verlaufende Straße zum **Tiergarten** fahren, der, ehemals Terrain des Vogelvereins, sich seit 1972 zu einem echten Highlight für Worms und das Umland entwickelt hat.

Der Tiergarten im Süden der Stadt, der von Jahr zu Jahr attraktiver wird, lockt nicht nur die Wormser, sondern auch viele Menschen aus der Umgebung an.

Ein Schwerpunkt des Parks ist der Bauernhof mit seinen seltenen Haustierrassen. Neben den attraktiven Glanrindern und den Bunten Bentheimer Schweinen sind die Thüringer Waldziegen und das Pfalz-Ardenner-Kaltblut zu finden. Im Exotenhaus tummeln sich verschiedene Fische, urtümliche Nashornleguane und sogar Krokodile. Viel zu lachen haben Besucher im Affenhaus bei der Mantelpavian-Familie oder bei Kattas und Weißbüscheläffchen. Besonderer Anziehungspunkt ist das riesige Wolfsgehege, wo auch Rot- und Polarfüchse lebens-

Tipp

Denkmal für den Wormser Star

Für Freunde des Brauchtums lohnt sich ein kleiner Abstecher in die Rheinstraße. Hier steht auf einem kleinen Rasenplatz das Stare-Denkmal, das der Wormser Bildhauer Gustav Nonnenmacher 1968 geschaffen hat. Es ist eine Stiftung des Traditionsvereins Wormser Narrhalla und erinnert an ihren prominentesten Büttenredner, den Mundart-Dichter Rudolf Heilgers, der den leut-, red- und weinseligen Wormser Star immer wieder besungen hat. Das Lied vom „Rhoiadel", der räsonnierend in den Tag hineinlebt, bildet den Abschluss jeder großen Damensitzung der Narrhalla.

Der Erlebnisgarten ist nicht nur Idylle pur, sondern bietet auch ein Lernfeld für alles rund um die Natur.

Der Star steht für die Mentalität der Wormser. Der Mundartdichter Rudolf Heilgers hat ihn besungen. Ihm zu Ehren wurde dieses Denkmal errichtet.

raumgerecht untergebracht sind. Bei Kindern und Erwachsenen gleichermaßen beliebt sind die putzigen Erdmännchen. Und natürlich gibt es Horntiere aller Art, Esel und eine Vielzahl von schönen Vogelvolieren.

Besonders beliebt sind die Kindergeburtstagsführungen, bei denen die Teilnehmer viel Spannendes über die Bewohner des Tiergartens erfahren. Für Kindergärten und Schulklassen bietet die Tiergartenschule altersgerechte Themen rund um Tier und Natur. Ein großer Spielplatz, eine Kindereisenbahn und ein Kinderkarussell runden das große Angebot ab. Erwachsene genießen das schön gestaltete Ambiente auf der Seeterrasse des Cafés Blume oder auf einer der vielen Bänke. (Öffnungszeiten: März – Okt: Mo – Fr: 9 – 18 h, Sa, So, Fei 9 – 19 h, Nov – Feb: 9 – 17 h).

Wer sich für die Natur interessiert, sollte auf jeden Fall auch den **Erlebnisgarten** aufsuchen. Was ehemals ausschließlich Schulgarten war, hält heute ein Umwelthaus vor, mit umweltfreundlichen Materialien und Techniken in Eigeninitiative gebaut, in dem Unterrichtseinheiten zu den verschiedensten, meist naturwissenschaftlichen Themen für Schulklassen angeboten werden (Schule im Grünen), Backofen und Kelteranlage sowie erste Teile eines Handwerkerdorfs. Seit einiger Zeit wird auf

Der Stadtpark ist ein Paradies für Spaziergänger, Jogger, Radler und natürlich für Kinder. Jedes Jahr findet hier im Mai das dreitägige Mittelalter-Festival „Spectaculum" statt.

dem Gelände auch ein fantasievoller Waldkindergarten betrieben. Der Erlebnisgarten hat einen eigenen Eingang, der sich vor der Tiergartenkasse befindet, ist aber auch über den Tiergarten, rechts vom Bauernhof zu erreichen (Anfahrt mit der Buslinie 410 bis zur Endhaltestelle Salzstein und dann ca. 20 Minuten zu Fuß über den Hammelsdamm).

Wir lassen unsere Tour ausklingen mit einer genussvollen Fahrt durch den Stadtpark, der im Stil eines Landschaftsparks angelegt ist. Auch dort gibt es einen großen Spielplatz, einen Trimmplatz für Senioren sowie eine Skateranlage. Seit einigen Jahren findet hier im Mai das jährliche Spectaculum mit mittelalterlichen Lagern, Verkaufsständen, Feuerspielen und musikalischen Darbietungen statt.

Über den Friedrichsweg kommen wir wieder in die Innenstadt (Philosophenweg, rechts abbiegen in die Ludwigstraße, die in die Rheinstraße mündet, Rheinstraße nach rechts Richtung Rhein) können aber auch vor der Brückenauffahrt über die B9 rechts abbiegen und gelangen von dort aus wieder direkt zum **Ausgangspunkt** am Rhein.

Tipp

Strecke am Rhein

Bis Frankenthal führt der Weg am Rhein entlang, es gibt aber immer wieder auch Querverbindungen zum Friedrichsweg bzw. zum Mittleren Busch, etwa an der Altbachmündung, am Oberen Busch und schließlich auch am Hofgut Petersau, wo nicht nur Chio Chips produziert werden, sondern auch schöne Höfe und Pferdeweiden zum Spaziergang einladen. Ab der Petersau kann man auch in Richtung Bobenheim-Roxheim radeln und vielleicht ein Bad im Silbersee nehmen, dem mit knapp 3 Quadratkilometern Oberfläche zweitgrößten See in Rheinland-Pfalz. Von dort aus kann man beispielsweise auf einem Fahrradweg entlang der L523 (alte B9) wieder nach Worms zurückradeln. Wer mag, kann unterwegs noch einmal Station am Wormser Flugplatz machen.

Tipp

- Kolb's Biergarten

Am Rhein 1
67547 Worms
Tel. 06241/23467
Öffnungszeiten:
Mo – So: 11 – 23 h
Traditionslokal mit Freisitz unter Platanen, Blick auf Rhein und Brücke. Spezialität: knusprige Hähnchen.

14. Schnupperfahrt durch die Vororte

Dreizehn Gemeinden warten darauf, entdeckt zu werden.

Hauptbahnhof Worms Westseite – Neuhausen – Rheindürkheim – Ibersheim – Abenheim – Herrnsheim –Hochheim – Leiselheim – Pfiffligheim – Pfeddersheim – Heppenheim an der Wiese – Wiesoppenheim – Weinsheim – Horchheim – Hauptbahnhof Worms Westseite

Dreizehn Stadtteile bzw. Vororte hat Worms. Die letzten sechs wurden eingemeindet, als der alte Landkreis Worms 1969 aufgelöst wurde. In zweien davon, Pfeddersheim und Herrnsheim, haben wir uns bereits umgeschaut, andere gestreift. Es lohnt sich aber auch eine Rundfahrt mit dem Auto oder per Rad.

Wir machen uns zunächst von der **Bahnhofswestseite** durch die Güterhallenstraße auf den Weg nach **Neuhausen**, das 1898 eingemeindet wurde und heute fließend in die Innenstadt übergeht. Die Geschichte der Pfrimmgemeinde ist alt und ruhmreich. Hier soll die Burg der Merowingerkönigin Brunichildis gestanden haben, in der später auch ihr Urenkel Dagobert gelegentlich weilte. Dagobert hat wohl den Dionysiuskult mitgebracht, der später der Cyriakusverehrung wich. Kaiser kamen hierher, um vor den Reliquien des Heiligen niederzuknien. Das Cyriakusstift mit Schreibstube und Bibliothek war eine der bedeutendsten geistlichen Einrichtungen im Bistum Worms. Mit der Reformation kam sein Niedergang. Es befand sich da, wo heute die evangelische Kirche (1906/1907) steht. Auch das Frauenkloster Liebenau, auf dessen Gelände sich später ein Zweigwerk der Heyl'schen Lederindustrie befand und heute die Lebenshilfe-Einrichtungen sind, ist völlig verschwunden. Am Barockhaus in der Gaustraße 106 befindet sich ein Relief, das an den Jakobs- (evtl. Cyriakus-) brunnen erinnert. Er soll der Sage nach heilkräftiges Wasser besessen haben.

Wir verlassen den Stadtteil über den Kreisverkehr Gaustraße/Von-Steuben-Straße und gelangen über den Fahrweg zur B9. Wir folgen ihr in Richtung Mainz, vorbei am Industriegebiet Nord, um uns in **Rheindürkheim** umzuschauen. Die mittlere Abfahrt rechts (Kirchstraße) führt direkt zum Rheinufer. Rheindürkheim, das schon 4000 Jahre v. Chr. besiedelt war, wie Grabungsfunde ergeben haben, hat sich noch den Charakter eines Schifferdorfs bewahrt. Die Bebauung aus kleinen Häusern reicht teilweise direkt bis an den Fluss. Besonders adrett ist der große Platz vor dem ansehnlichen Rathaus. Hier steht auch der Schiffermast, der an alte Traditionen erinnert. Die Marinekameradschaft vor Ort hat ein Schiff zum originellen Vereinsheim umgebaut. Wie es sich für eine solche Gemeinde gehört, gibt es hier keine Kerb, sondern das Rheinperlenfest, bei dem die Rheinperlenkönigin alljährlich übers Wasser zur Krönung angefahren kommt. Landschaftlich sehr reizvoll ist die Rheindürkheimer Uferpromenade, die auch ortsnah mit einem Kinderspielplatz zu punkten weiß.

Von hier führt die Straße auf dem Rheindamm (Radfahrer können einen Weg parallel dazu benutzen) zum kleinsten und nördlichsten Vorort, der zweifellos auch einer der interessantesten ist. Denn **Ibersheim** hat eine lange Geschichte mit klingenden Namen – so war der Vater des berühmten Minnesängers Friedrich von Hausen Vogt der Gemeinde. Pfalzgraf Ludwig III. hatte ein

Start:
Hauptbahnhof Worms

Länge:
ca. 55 km

Dauer:
2 Stunden (reine Fahrzeit mit dem Auto), 3-4 Stunden mit dem Rad

Tipp

Radfahrer können auch ab Neuhausen an der Pfrimm entlang (Am Holzhof, Im Pfaffenwinkel) bis zur Pfrimmmündung fahren und ab da dem ausgeschilderten Radweg bis Rheindürkheim folgen.

Der Schiffermast in Rheindürkheim.

Heimat- und Kulturverein Neuhausen e.V.
Gaustr. 74
67549 Worms
Ansprechpartner:
Vorsitzender Edgar Walther
Tel. 06241/950799

Ortsgeschichtliche Arbeitsgemeinschaft Rheindürkheim e. V.
Lahnstr. 1
67550 Worms-Rheindürkheim
Ansprechpartnerin:
Roswitha Strack
Tel. 06242/2102

Heimatverein Worms-Ibersheim e.V.
Kirchplatz 3
67550 Worms
Ansprechpartner:
Dr. Christian Lang (Vorsitzender)
Tel. 06246/1757

Heimatverein 1953 Abenheim e.V.
Alte Benn 13
67550 Worms
Ansprechpartner:
Hans Peter Weiler (1. Vorsitzender)
Tel. 06242/7530

Heimatmuseum Abenheim
An der Kirche
Öffnungszeiten:
So: 9.45 – 12 h

Das kleinste Museum Rheinhessens, das so genannte Ammeheisje befindet sich in Ibersheim.

Schloss hier, das nach einigen Umbauten heute noch erhalten und kenntlich gemacht ist durch eine Wandmalerei. Nach dem Pfälzischen Erbfolgekrieg siedelten hier Mennoniten, die eine sehr fortschrittliche Landwirtschaft betrieben. Da bei ihnen nicht die hiesige Realerbteilung galt, sondern die Primogenitur, die Vererbung an den ältesten Sohn, sind noch heute im alten Zentrum schöne große Höfe erhalten. Ein kleines Schatzkästlein schließlich ist das „Ammeheisje" (Ammen- oder Armenhäuschen), dessen ursprüngliche Funktion sich nicht eindeutig klären lässt. Das hübsch bemalte Häuschen (Fritz Kehr) birgt ein winziges Heimatmuseum, das auf Anfrage besichtigt werden kann.

Ibersheim ist nicht direkt an die B9 angeschlossen: man muss über Rheindürkheim wieder zurückfahren oder über Hamm und Eich und kommt dann über Osthofen wieder ins Wormser Stadtgebiet. Wir schlagen vor, durch Rheindürkheim auf der B9 wieder in Richtung Worms zurückzukehren, auf die L425 abzubiegen und zunächst **Abenheim** aufzusuchen.

Es wird wegen seiner überwiegend katholischen Bevölkerung auch scherzhaft „Klein Rom" genannt. Besonders besuchenswert und landschaftlich besonders reizvoll gelegen ist die St. Michael Kapelle auf dem Klausenberg (vgl. Tour Nr. 7, S. 65ff). Sie kann zwar über die Klausenbergstraße Richtung Osthofen angefahren werden, besser aber ist es sicher, das Auto im Dorf abzustellen und zu Fuß zum Kirchlein hinaufzusteigen.

Die reich geschmückte barocke Pfarrkirche in der Mitte des Ortes wurde 1736 dem heiligen Bonifatius geweiht.

Die Pfrimm fließt durch mehrere Wormser Vororte. Im Pfrimmpark überspannen hübsche Brückchen ihr idyllisches Bett.

Der stattliche Amtshof in Abenheim gehörte der Familie von Dalberg.

Neben ihr zeugen die Wegekreuze an den Ortsausgängen und das „Heilige Häuschen" nahe der Kirche in der Wonnegaustraße von der früheren dörflichen Religiosität. Neben diesen historischen Bauwerken, zu denen auch der ehemals dalbergische Amtshof gehört, ist das aktuelle Bild von Abenheim sehr stark von der Wein- und Sekterzeugung in den vielen Qualitätsweingütern geprägt.

Von Abenheim geht es über die L425 nach **Herrnsheim**. Radfahrer sollten es wissen: hier ist eine nette Steigung eingebaut. Der Stadtteil Herrnsheim mit Schloss, Parks und schönem Ortsbild wurde bereits an anderer Stelle eingehend beschrieben (vgl. Tour Nr. 11, S. 97ff).

Nächstes Ziel, der Höhenstraße (K 18) folgend, könnte das ehemalige Schreinerdorf **Hochheim** sein. Wahrzeichen und beliebtes Fotomotiv, nicht nur aufgrund ihrer schönen Lage, ist die Bergkirche St. Peter (vgl. Tour Nr. 2, S. 20ff). Nicht weniger geschichtsträchtig ist jedoch die katholische Kirche Maria Himmelskron, eine ehemalige Klostergründung des Ritters Dirolf (1278), und die gegenüberliegende Schaffnerei mit barockem Portal, in der heute der katholische Kindergarten untergebracht ist. Ein Schmuckstück ist auch das alte Rathaus im Fachwerkstil mit Betzenkammer (Ortsgefängnis).

Wer mag, kann nun entlang der Pfrimm (Eingang Pfrimmpark beidseitig der Pfrimmbrücke in der Binger Straße) nach Pfiffligheim laufen oder radeln, zunächst durch den Park, dann auf dem Damm entlang oder über einen sehr naturbelassenen Weg, gesäumt von Schrebergärten und alten Streuobstwiesen. Im 12. Jahr-

St.-Michael-Kapelle
Klausenbergstr. 22
67550 Abenheim
Von Mai bis September ist die Kapelle an jedem 2. Sonntag von 15 – 17 h zur Besichtigung geöffnet.

Pfarramt St. Bonifatius:
An der Kirche 4
67550 Worms
Tel. 06242/2429
Die Kirche St. Bonifatius ist täglich geöffnet.

Heimatkreis Herrnsheim e. V.
Postfach 240107
67527 Worms
Ansprechpartnerin:
Andrea Kraft (Vorsitzende)
E-Mail: kraftandrea@gmx.net
Jeden dritten Sonntag, 14 – 16 h, ist das Heimatmuseum im Schusterhaus geöffnet.

Heimat- & Kulturverein Worms-Hochheim e. V.
Agnesstr. 27
67549 Worms
Ansprechpartner:
Wolfgang Hasch (Vorsitzender)
Tel. 06241/76588

Heimatverein Worms-Pfiffligheim e.V.
Landgrafenstr. 80 f
67549 Worms
Ansprechpartner:
Dipl.-Ing. Theodor Cronewitz (Vorsitzender)
Tel. 06241/76011
E-Mail: vorstand@heimatverein-worms-pfiffligheim.de

Heimatverein Worms-Leiselheim
Eugen Schüler (Vorsitzender)
Winzerstr. 50
67549 Worms
Tel. 06241/75498

Heimatverein Pfeddersheim e.V.
St.-Georgen-Str. 1
67551 Worms-Pfeddersheim
Ansprechpartner:
Emil Orth (Vorsitzender)
Tel. 06247/386

Arbeitskreis Kultur- und Landschaftspflege Worms-Pfeddersheim e.V.
Jürgen Pfitzner (Vorsitzender)
St.-Georgen-Str. 10
67551 Worms
E-Mail: pfitzner.juergen@t-online.de

Heppenheim an der Wiese ist der südlichste Vorort von Worms. Reizvoller Mittelpunkt des Ortes ist der Marktplatz mit dem Ensemble von evangelischer Kirche St. Peter, Schul- und Pfarrhaus.

hundert erstellte das Geschlecht der Erenberger in den „Wiesen" eine Wasserburg, die bis um 1425 bestand. Wie überall entlang des lebhaften Bachs, der in Sippersfeld/ Donnersbergkreis entspringt, wurden hier auch Mühlen betrieben. Die Pfrimm fließt durch den reizvollen Karl-Bittel-Park, meist Pfrimmpark genannt, in Richtung Neuhausen und mündet im Industriegebiet Nord (Doktor-Otto-Röhm-Straße, Hafenstraße) in den Rhein.

Im alten Ortskern von **Pfiffligheim** ist der Lutherbaum zu finden, viele hundert Jahre alt, ehemals ein riesiges Naturdenkmal, heute nur noch ein Relikt, das mit bebilderter Gedenktafel und Sitzbank an frühere Zeiten anknüpft.

Autofahrer können beispielsweise über die Parkstraße, die an der Pfrimmbrücke (Binger Straße) rechts abbiegt, in den Stadtteil Pfiffligheim gelangen.

Auch **Leiselheim**, unser nächstes Ziel, das wir entlang der Pfrimm oder per Auto z.B. über Donnersbergstraße und Landgrafenstraße erreichen, kann auf eine sehr lange Geschichte zurückblicken, obwohl es relativ spät erstmals urkundlich erwähnt wurde. Grabungsfunde belegen, dass nicht nur die Römer hier siedelten, sondern zuvor auch die Kelten. Auf die Römer geht auch die Weinbautradition der Gemeinde zurück. Im Ortskern rund um die beiden Kirchen und das Rathaus gibt es schöne Winzerhöfe und idyllische Eckchen.

Der heilige Laurentius an der katholischen Kirche in Leiselheim.

Die nächste Etappe im Kranz der Vororte wäre **Pfeddersheim** mit seinen historischen Stadtmauertürmen, das bereits ausführlich besprochen wurde. Die Straße von Leiselheim führt direkt dorthin, Radler fahren an der Pfrimm entlang. (vgl. Tour Nr. 12, S. 105ff).

Ein eindrucksvoller Treppenaufgang führt hinaus zur Horchheimer Gustav-Adolf-Kirche.

An der großen Kreuzung in Pfeddersheim via Bahnhof zweigt die Straße nach **Heppenheim** an der Wiese und **Wiesoppenheim** ab. Über **Weinsheim** erreichen wir dann das letzte Ziel unserer „Tour de Worms", **Horchheim**. Die Gemeinden, alle schon sehr früh besiedelt, mit altem Ortskern und ausgedehnten Neubaugebieten, sind durch den Eisbach verbunden. Fußwege entlang des Bachlaufs laden zu ausgedehnten Spaziergängen und Radtouren ein.

Die Eisbachtalgemeinden sind überwiegend katholisch geprägt. Horchheim nahm dabei eine herausragende Rolle ein. Das verdeutlicht auch heute noch die imposante, weithin sichtbare neugotische Heilig-Kreuz-Kirche (1908–1910), im Volksmund auch Eisbachtaldom genannt. Ihre Vorgängerin dient inzwischen als Friedhofskapelle, erfuhr aber durch einen eigens gegründeten Verein eine neue Aufwertung. Das dritte Gotteshaus am Ort ist die 1907/08 erbaute, innen vollständig vom Wormser Künstler Fritz Muth ausgemalte Gustav-Adolf-Kirche. Die gesamte Anlage mit Kirche, Pfarrhaus und Freitreppe ist ein sehenswertes Beispiel für Architektur im Jugendstil. Am schön gestalteten Marktplatz befindet sich auch ein kleines Heimatmuseum mit interessanten Exponaten.

Heimatmuseum Worms-Horchheim
Am alten Marktplatz
67551 Worms
Besichtigung nach Vereinbarung mit der Ortsverwaltung: Tel. 06241/33180

Gustav-Adolf-Kirche
Obere Hauptstr. 23
67551 Worms
Tel. 06241/33209
E-Mail: evhorchheim@gmx.de
Öffnungszeiten:
So: 10 – 18 h

Heimatverein Worms-Heppenheim e.V.
Pfälzer-Wald-Str. 55
67551 Worms
Ansprechpartner: Werner Kropp (Vorsitzender)
Tel. 06241/33966

Heimatverein 1985 Wiesoppenheim e.V.
Ansprechpartner: Christian Keth (Vorsitzender)

Heimatmuseum Weinsheim
Postweg
(im alten Schulhaus)
67551 Worms
Besichtigung nach Vereinbarung mit der Ortsverwaltung: Tel. 06241/33159

Tipp

- Pfrimmpark

Wehrgasse 25
67549 Worms
Tel. 06241/75427
Öffnungszeiten:
Di – Do: 14 – 23, Fr, Sa: 17 – 23, So: 11.30 – 21 h
Idyllisches Restaurant Café, besonders draußen schön, mit Blick auf einen Teich und in den Pfrimmpark.

Praktische Hinweise

Bei unseren Spaziergängen sind wir den wichtigsten Sehenswürdigkeiten der Stadt begegnet, manche haben wir genau betrachtet, andere nur gestreift.
Es gibt also noch einiges zu entdecken und es lohnt, noch eine Nacht oder mehrere hier in Worms zu verbringen. Dies kann man auch mit Ausflügen in die nähere Umgebung verbinden. Unterkünfte in Hotels und Pensionen aller Kategorien vermittelt Ihnen gerne die Tourist-Information und nimmt auch Buchungen für Sie vor.
Worms liegt im Schnittpunkt der Metropolregionen Rhein-Neckar und Rhein-Main und ist an mehrere Autobahnen in nächster Nähe angeschlossen. Auch mit der Bahn ist es gut zu erreichen.
Wer mit dem Wohnmobil unterwegs ist, findet direkt am Rhein – in der Nähe einiger gemütlicher Gaststätten – einen modernen parzellierten Stellplatz, der für 30 Wohnmobile bemessen ist und alle notwendigen Annehmlichkeiten bietet. Der Platz ist ganzjährig nutzbar und 15 Minuten vom Stadtzentrum entfernt. Kosten pro Nacht und Mobil: 4 Euro.
Informationen über das öffentliche Verkehrsnetz bekommen Sie auf der Internetseite www.worms.de/stadtplan. Dort finden Sie Linienpläne, Abfahrtszeiten und weitere Informationen.

Weil der Mensch nicht von Kultur allein lebt, wollen wir Ihnen nun auch noch die reichhaltigen Freizeitmöglichkeiten, die Worms bietet, nicht vorenthalten.
Der wichtigste Ort für die Fußball-Fans ist das Stadion des VfR Wormatia, der 1908 gegründet wurde und von Triumphen und Niederlagen viel zu erzählen weiß, in der Alzeyer Straße 131. Es ist ausgelegt für eine Kapazität von 5730 Besuchern. Gleich nebenan befindet sich das Heinrich-Völker-Bad, Alzeyer Straße 111. Es ist ein kombiniertes Angebot aus Hallen- und Freibad, für den aktiven Schwimmer ebenso interessant wie für Familien, mit neuem Relaxbereich mit Whirlpool, Dampfbad, Wärmebank und Ruheraum.
Im Stadtteil Pfeddersheim gibt es ebenfalls ein Freibad, im Stadtteil Herrnsheim einen Badesee. Weitere Seen locken im näheren Umkreis.
Freunde des „weißen" Sports finden eine Reihe von Tennisplätzen und -hallen. Für Pferdesportler stehen Reitanlagen zur Verfügung. Am Rhein ist ein Bouleplatz, im Albert-Schulte-Park ein Mini-Golf-Platz und eine Skaterbahn. Selbst das Fliegen ist in Worms nicht unmöglich. Dafür sorgt der Fluglandeplatz im Süden der Stadt mit Restaurant und Flugschulen, die auch Rundflüge anbieten. Wer fit ist und es auch bleiben will, kann in den diversen Parks (Wäldchen, Albert-Schulte-Park, Krankenhaus-Park, Karl-Bittel-Park) oder in den Weinbergen joggen und walken.
Mittlerweile gibt es rund um Worms auch ein dichtes Radwegenetz. Sechs Radrundwege in und um Worms in Längen von 14 bis 55 Kilometern hat der ADFC aufgelegt. Der Fahrrad- und Freizeitplan „Worms per Rad entdecken" kann bei der Tourist-Information und im Buchhandel für 2 € erworben werden.
Wer die Region ausgiebig erkunden will, kann auch den Salierradweg von Worms über Frankenthal und Bad Dürkheim nach Speyer fahren, der mit einer stilisierten Krone gekennzeichnet ist. Weitere Tourenvorschläge gibt es unter http://tourismus.meinestadt.de/worms.
Für besonders Hungrige gab es zu jeder Tour schon den einen oder anderen Einkehrtipp. Das war natürlich nur eine kleine Auswahl aus der vielfältigen Gastronomieszene in Worms. Wer abends dann nicht schon zu müde ist und lieber bei einem Glas Wein in einer der Wormser Weinstuben oder Restaurants relaxen will, für den bieten sich das KW-Kino in der Wilhelm-Leuschner-Straße, das Lincoln-Theater am Obermarkt und ab 2011

Premiere bei den Nibelungenfestspielen – eines der wichtigsten kulturellen Ereignisse der Region!

das Festhaus mit Kultur- und Tagungszentrum an. Aktuelle Informationen und Details findet man auf der Homepage der Stadt Worms www.worms.de.
Wer lieber etwas in der Hand hat, findet in der Tourist-Information alles, was er braucht und gute Beratung obendrein:

Tourist-Information Worms
Neumarkt 14
67547 Worms
Allgemeine Infos, Gästeservice:
Tel. 06241/25045
Stadtführungen, Nibelungenbähnchen:
Tel. 06241/8538804
Arrangements, Gruppenreisen:
Tel. 06241/853-8805

Öffnungszeiten:
Nov – März: Mo – Fr: 9 – 17 h
April – Ende Okt: Mo – Fr: 9 – 18 h
Sa, So + Fei: 10 – 14 h

Sie erhalten dort:
– Stadtpläne mit Kurzbeschreibungen zu den Sehenswürdigkeiten und Kurz- und Langzeitparkmöglichkeiten,
– nähere Informationen und Anmeldungen zu Stadtführungen sowie zu begleitenden Führungen in die Umgebung,
– bebilderte Flyer zu einzelnen Sehenswürdigkeiten mit Angabe der aktuellen Preise und Öffnungszeiten sowie Broschüren zu den wichtigsten Wormser Themen in fünf verschiedenen Sprachen,
– Tipps für Reisemobilisten,
– Hinweise auf Feste und Veranstaltungen,
– Ausflugziele im Wonnegau, in Rheinhessen und in der Metropol-Region,
– aktuelle Hotel- und Gaststättennachweise mit Preisen und Buchungsmöglichkeiten (auch online),
– Ticket-Service und
– Filme auf DVD: „Zu Fuß durch zwei Jahrtausende", „Gewölbe des Himmels – Worms, Stadt der Romanik", „Warmaisa – heilige Gemeinde am Rhein", „Uns ist in alten maeren – Worms und die Nibelungen".

„Worms blüht auf" mit verkaufsoffenem Sonntag (meistens Ende März): Wormser Gärtnereien verwandeln die Plätze der Innenstadt in frühlingshafte Gärten.

Spectaculum (meistens im Mai): Großer Mittelaltermarkt im Wormser Wäldchen mit über 100 Ständen, reichhaltigem Programm und großem Lagerleben mit Gruppen aus ganz Deutschland.

Rheinradeln (Mitte Mai): Alles, was Räder hat, tummelt sich auf der alten B9 bis Oppenheim.

Wormser Pfingstmarkt (Ende Mai): Große Verkaufsausstellung auf der Kieselswiese und Rummelplatz.

Wormser Weinwalk (Mai/Juni): Sportliche Leute, die ein gutes Tröpfchen lieben, wandern durch die Weinberge rings um Worms.

Jazz & Joy (Juni/Juli): Jazzfestival mit buntem Mix aus Rock, Pop und Jazz mit weltbekannten Musikern auf mehreren Bühnen rund um den Dom – eine sehr stimmungsvolle Angelegenheit, die vielen Gäste anlockt.

Wormser Kulturnacht (meistens im Juni): Wormser Künstler präsentieren Musik, Theater, Kunst an bekannten und weniger bekannten Spielorten.

Nibelungen-Festspiele (Ende Juli/Anfang August): Großes Staraufgebot vor der hinreißenden Kulisse des Doms, hochkarätiges Kulturprogramm.

Herrnsheimer Weinsommer (Ende Juli/Anfang August): Ländliches Essen auf der Schlossterrasse und niveauvolle Veranstaltungen in Schlosshof und Park.

Wormser Backfischfest (Beginn am letzten Samstag im August, Dauer: 9 Tage): Größtes Wein- und Volksfest am Rhein mit abwechslungsreichem Rahmenprogramm, großem Festzug, Fischerstechen und Feuerwerk.

Jüdische Kulturtage (Anfang September): Jüdische Künstler, Vorträge, Lesungen.

Nibelungenlauf (Anfang September): Lauf-Event für Läufer und Walker.

Tag des offenen Denkmals (2. Sonntag im September): Einblicke, die sonst nicht möglich sind.

Allerheiligenmarkt mit verkaufsoffenem Sonntag und Herbstmarkt der Frauenverbände (Ende Okt)

Wormser Weinmesse (Anfang November): Die Weingüter aus Worms und dem Wonnegau präsentieren ihre besten Produkte.

Weihnachtsmarkt (ab Ende November): Stimmungsvolle Atmosphäre auf dem Obermarkt und am Lutherplatz mit umfangreichem Rahmenprogramm. Höhepunkt ist das Turmblasen am 4. Advent.

Register